*A JUSTA CAUSA
NO DIREITO DO TRABALHO*

943

DOMINGOS SÁVIO ZAINAGHI

A JUSTA CAUSA NO DIREITO DO TRABALHO

2ª edição

A JUSTA CAUSA NO DIREITO DO TRABALHO

© Domingos Sávio Zainaghi

1ª edição: 09.1995.

ISBN 85-7420-292-4

Direitos reservados desta edição por
MALHEIROS EDITORES LTDA.
Rua Paes de Araújo, 29, conjunto 171
CEP 04531-940 — São Paulo — SP
Tel.: (0xx11) 3842-9205 (3078-7205)
Fax: (0xx11) 3849-2495 (3168-5495)
URL: www.malheiroseditores.com.br
e-mail: malheiroseditores@zaz.com.br

Composição:
PC Editorial Ltda.

Capa:
Vânia Lúcia Amato

Impresso no Brasil
Printed in Brazil
05-2001

Compreender a conduta de um homem significa: conhecer as suas causas; perdoar-lhe significa renunciar a pedir-lhe contas por essa conduta, a censurá-lo ou a puni-lo por ela, a ligar a essa conduta uma conseqüência da ilicitude, isto é, a fazer a imputação.

Hans Kelsen, *Teoria Pura do Direito*.

SUMÁRIO

NOTA 13
NOTA À 2ª EDIÇÃO 15

1. **INTRODUÇÃO AO ESTUDO DA JUSTA CAUSA**
   1.1 O contrato individual de trabalho 17
   1.2 A terminação do contrato de trabalho 19
   1.3 Terminologia: justa causa e falta grave 20
       1.3.1 Processualística da falta grave 25
   1.4 Caracterização da justa causa 26
   1.5 A gravidade do ato praticado pelo empregado 29
   1.6 Imediatidade 31
   1.7 "Non bis in idem" 36
   1.8 Justa causa e aviso prévio 38
   1.9 Justa causa na suspensão e na interrupção do contrato de trabalho 39
   1.10 Processo criminal e justa causa 40
   1.11 Efeitos da justa causa 42

2. **A JUSTA CAUSA NO DIREITO COMPARADO**
   2.1 Direito espanhol 45
   2.2 Direito argentino 47
   2.3 Direito mexicano 48
   2.4 Direito português 50
   2.5 Direito italiano 52
   2.6 Direito francês 53
   2.7 Panamá 54
   2.8 Bolívia 57

3. A JUSTA CAUSA NO BRASIL: SUA EVOLUÇÃO

- 3.1 As justas causas no Código Comercial e no Código Civil 59
- 3.2 As justas causas na legislação trabalhista anterior à CLT 60

4. IMPROBIDADE

- 4.1 Posição doutrinária 63
- 4.2 Conceito 64
- 4.3 Corrente subjetivista 64
- 4.4 Corrente objetivista 65
- 4.5 Posição intermediária 65
- 4.6 A prova da improbidade 66
- 4.7 Ato único 67
- 4.8 Local da prática da improbidade 67
- 4.9 Atos de improbidade contra terceiros 68
- 4.10 Ação e omissão 68
- 4.11 Pequeno valor econômico 68
- 4.12 Improbidade e crime 69
- 4.13 Improbidade e dolo 70
- 4.14 Coisas sem dono, abandonadas e perdidas (ou esquecidas) 70

5. INCONTINÊNCIA DE CONDUTA E MAU PROCEDIMENTO

- 5.1 Pontos divergentes 71
- 5.2 Incontinência de conduta 73
- 5.3 Mau procedimento 75
- 5.4 Apreciação das faltas 76

6. NEGOCIAÇÃO HABITUAL

- 6.1 Delimitação da matéria 78
- 6.2 O vocábulo negociação 78
- 6.3 Negociação habitual por conta própria 79
- 6.4 Negociação habitual por conta alheia 80
- 6.5 Negociação concorrente 80

7. CONDENAÇÃO CRIMINAL

- 7.1 Aspectos gerais 82

7.2	Suspensão da execução da pena	84
7.3	Dos efeitos da anistia, da graça e do indulto	84

8. DESÍDIA

8.1	Conceito	86
8.2	Caracterização	87
8.3	Considerações sobre a desídia dolosa	88
8.4	Desídia culposa	90

9. EMBRIAGUEZ

9.1	Terminologia legal	94
9.2	Graduação da embriaguez	95
9.3	Embriaguez habitual	98
9.4	Embriaguez em serviço	101

10. VIOLAÇÃO DE SEGREDO

10.1	Sentido dos termos "violar" e "segredo"	103
10.2	Tipos de segredo	104
10.3	Deveres do empregado	104
10.4	Violação e revelação	106
10.5	Violação indireta	107
10.6	Revelação do segredo no ambiente de trabalho	107
10.7	Violação incompleta e tentativa de violação	108
10.8	Revelação de segredo ilícito	108
10.9	A revelação em juízo	109
10.10	Revelação de pequenos segredos	110
10.11	Reiteração da violação	110

11. INDISCIPLINA E INSUBORDINAÇÃO

11.1	Duas justas causas	111
11.2	A indisciplina	112
11.3	A insubordinação	113
11.4	Superior hierárquico	113
11.5	Direito de resistência	114
11.6	A influência do ambiente de trabalho	116
11.7	A reiteração de atos de indisciplina	116
11.8	Recusa em assinar uma advertência	117

12. ABANDONO DE EMPREGO
12.1 Considerações iniciais 119
12.2 Ausência injustificada 120
    12.2.1 Ausência para cuidar de ente querido 121
    12.2.2 Ausência do empregado doente mental 122
12.3 Empregado que recebe alta médica 122
12.4 Abandono e aviso prévio 123
12.5 Abandono e greve 124
12.6 Abandono de emprego e força maior 125
12.7 Ônus da prova 126

13. OFENSAS FÍSICAS
13.1 Enquadramento legal 128
13.2 Ofensas físicas 128
13.3 Ofensas físicas praticadas em serviço 129
13.4 Ofensas físicas praticadas fora do serviço 130
13.5 Agressão ao empregador e aos superiores hierárquicos 131
13.6 Legítima defesa 133
    13.6.1 Legítima defesa putativa 135
13.7 A necessidade da intenção 135
13.8 A tentativa 136
13.9 Ofensas físicas durante a suspensão ou interrupção
     do contrato de trabalho 136

14. ATOS CONTRA A HONRA E BOA FAMA
14.1 Conceitos 138
14.2 Figuras penais 139
    14.2.1 Injúria real 141
    14.2.2 Exceção da verdade, retorsão, provocação e
        retratação 141
14.3 Legítima defesa 143

15. JOGOS DE AZAR
15.1 Conceitos 144
15.2 Fundamentos 144
15.3 O jogo com finalidade de lucro 145
15.4 Apostas e jogos de azar 146

SUMÁRIO 11

15.5 Jogos de azar permitidos por lei 146
15.6 Jogos de azar e cargos de confiança 147

16. ATOS ATENTATÓRIOS À SEGURANÇA NACIONAL
16.1 Desenvolvimento legislativo 149
16.2 Caracterização 150
16.3 Procedimento a serem adotados na apuração da justa causa 151

17. JUSTAS CAUSAS DO EMPREGADOR
17.1 Introdução 152
17.2 Imediatidade 152
17.3 Ônus da prova 153
17.4 Aviso prévio 153
17.5 Procedimento 153
17.6 Previsões legais 153
17.7 Exigência de serviços superiores às forças do empregado 154
17.8 Serviços defesos por lei 155
17.9 Serviços contrários aos bons costumes 155
17.10 Serviços alheios ao contrato 155
17.11 Rigor excessivo 156
17.12 Perigo manifesto de mal considerável 156
17.13 Não cumprimento das obrigações do contrato 157
　　17.13.1 Rescisão indireta, FGTS e imediatidade 158
　　17.13.2 O não oferecimento de trabalho ao empregado 158
17.14 Ato lesivo da honra e boa fama 159
17.15 Ofensas físicas praticadas pelo empregador 160
17.16 Redução da oferta de trabalho 160
17.17 Atendimento a obrigações legais e morte do empregador empresa individual 160
17.18 Afastamento do empregado em caso de rescisão indireta 160

18. A JUSTA CAUSA NOS TRIBUNAIS 162
18.1 Ementas de acórdãos do Tribunal Superior do Trabalho-TST 163

18. 2 Ementas de acórdãos do Superior Tribunal de Justiça - STJ e do antigo Tribunal Federal de Recursos - TFR 165
18.3 Ementas de acórdãos de diversos Tribunais Regionais do Trabalho-TRTs 166

19. APÊNDICE — MODELOS
19.1 Carta de advertência 185
19.2 Aviso de suspensão 186
19.3 Carta de despedida com justa causa (I) 186
19.4 Carta de despedida com justa causa (II) 187
19.5 Telegrama convocando o empregado a retornar ao serviço 187

BIBLIOGRAFIA CONSULTADA 189

NOTA

Com a monografia "Justa Causa para Despedida" obtivemos o título de Mestre em Direito do Trabalho pela Pontifícia Universidade Católica de São Paulo, em 1992. Em seguida, com o mesmo título, lançamos em livro o referido trabalho.

Aquele tratava das justas causas praticadas pelos empregados. Agora, fazemos um estudo das justas causas do empregado e também das praticadas pelo empregador.

Inicialmente, fazemos uma introdução à justa causa, analisando a nomenclatura da lei, sua diferenciação com o termo "falta grave"; analisamos, ainda, o princípio da imediatidade; o "non bis in idem"; a ocorrência de justa causa durante o aviso prévio e nos períodos de interrupção e suspensão do contrato de trabalho; a gravidade do ato praticado pelo empregado e a caracterização da justa causa.

Em seguida abordamos o estudo do Direito Comparado, de forma bem sintética, com informações sobre os sistemas jurídicos da justa causa em países com tradição no Direito do Trabalho, a saber: Espanha, Argentina, México, Portugal, Itália e França.

Antes de iniciar o estudo de cada uma das previsões do art. 482 da CLT, fazemos um apanhado da evolução legislativa referente à justa causa, ou seja, as previsões legais contidas no Código Comercial, no Código Civil e nas leis trabalhistas anteriores à Consolidação.

A estes três capítulos iniciais seguem-se treze outros, estudando-se de forma exaustiva cada uma das hipóteses do art. 482 da CLT. Em cada capítulo procurou-se mostrar as posições doutrinárias, também a dos tribunais, além de se fazer um estudo de outros ramos do Direito, notadamente o Penal, que fornece subsídios valiosos para o estudo da justa causa.

No final fazemos um estudo do art. 483 da CLT e, ainda, incluímos um ementário de jurisprudência que reputamos de utilidade ao leitor, para que tenha idéia do tratamento dado às justas causas pelos tribunais.

Foi nosso objetivo dar tratamento eminentemente jurídico a cada hipótese legal, prendendo-nos à máxima kelseniana de separar o que é político e sociológico do que é puramente jurídico. Isto é, fazer um estudo dirigido apenas ao Direito, sem avançarmos em outras disciplinas que não a jurídica.

Procuramos ter em mente, durante a preparação deste livro, dar-lhe forma prática, levantando os principais problemas inerentes a cada hipótese legal e a aplicação da lei pelos tribunais.

O Autor

NOTA À 2ª EDIÇÃO

O tema *justa causa* não tem sofrido alterações legislativas, e nem na jurisprudência.

Por outro lado, os processos onde são discutidas as justas causas têm sofrido um relativo aumento. Este talvez se prenda ao fato de que o empregador utiliza-se mal do instituto, ou seja, usa-o como forma de nada pagar ao empregado quando da rescisão. Ou talvez as relações de trabalho estejam se desenvolvendo de forma mais conturbada.

Nesta edição as alterações referem-se, primeiramente, ao Direito Comparado, onde foi atualizado o item dedicado ao Direito espanhol e foram acrescidos estudos do Direito panamenho e da legislação boliviana. Resolvemos manter e atualizar este capítulo, já que o mesmo tem grande utilidade em cursos de Graduação e Pós-Graduação.

Incluímos, também, no Capítulo 1, um item sobre a processualística da falta grave. Com as alterações, esperamos que o livro possa ter maior utilidade aos que nos honrarem com sua leitura.

Peço licença aos leitores para dedicar esta 2ª edição aos meus sobrinhos ANA LUÍSA e LUÍS GUILHERME, com carinho e amor.

O AUTOR

1

INTRODUÇÃO AO ESTUDO DA JUSTA CAUSA

1.1 O contrato individual de trabalho. 1.2 A terminação do contrato de trabalho. 1.3 Terminologia: justa causa e falta grave: 1.3.1 Processualística da falta grave. 1.4 Caracterização da justa causa. 1.5 A gravidade do ato praticado pelo empregado. 1.6 Imediatidade. 1.7 "Non bis in idem". 1.8 Justa causa e aviso prévio. 1.9 Justa causa na suspensão e na interrupção do contrato de trabalho. 1.10 Processo criminal e justa causa. 1.11 Efeitos da justa causa.

1.1 O contrato individual de trabalho

Para que possamos investigar a terminação do contrato individual de trabalho por justa causa praticada pelo empregado bem como pelo empregador, devemos iniciar com a análise do *contrato individual de trabalho*. Como o que se visa é estudar a *justa causa*, não será aprofundado o exame do contrato individual de trabalho, o quê comportaria, mesmo, uma dissertação específica.

A lei brasileira reflete uma tendência contratualista, pois mostra que o contrato de trabalho é a fonte do vínculo que obriga as partes numa relação de emprego.

A relação de emprego é, segundo Mozart Víctor Russomano,[1] "o vínculo obrigacional que liga o empregado ao empregador dentro do contrato de trabalho".

Logo, cumpre distinguir relação de trabalho e relação de emprego.

Relação de trabalho mantêm o trabalhador autônomo, o trabalhador eventual, entre outros. São relações de serviços, sem, contudo, existir subordinação hierárquica.

A relação de emprego tem como um de seus fundamentos caracterizadores a subordinação. Os outros são a pessoalidade, a não eventualidade e o salário (art. 3º da CLT).

Quem melhor definiu, entre nós, o contrato individual de trabalho foi Cesariano Jr.: "Contrato individual de trabalho é a convenção pela

---

1. *Comentários à Consolidação das Leis do Trabalho*, v. I/388.

qual uma ou várias pessoas físicas se obrigam, mediante remuneração, a prestar serviços privados a outra pessoa, sob direção desta".[2]

E o citado Mestre extrai de sua própria definição a natureza jurídica do contrato individual de trabalho. "Assim definido o contrato individual — afirma — é fácil desenvolver a sua natureza jurídica. O contrato individual de trabalho é um contrato de Direito Privado, consensual, sinalagmático, oneroso, comutativo, sucessivo e do tipo dos contratos de adesão".[3]

Expliquemos cada um dos itens da natureza jurídica:

É de *natureza privada*, pois é celebrado no campo das relações privadas.

É *consensual*, pois é um acordo de vontades livres.

É *sinalagmático perfeito,* pois obriga ambas as partes desde a sua formação.

É *oneroso*, porque a remuneração é requisito de sua caracterização jurídica. É oneroso para o empregado, porque este despende energias físicas ou intelectuais.

É *comutativo*, pois presume-se que o salário pago pelo empregador corresponde exatamente ao trabalho realizado pelo empregado.

É *sucessivo*, porque sua eficácia não é transitória. É contrato de trato sucessivo, ou seja, desenvolve-se dia após dia, sucessivamente.

É de *adesão,* porque o empregado aceita as condições contratuais que são estabelecidas pelo empregador.

O contrato individual de trabalho tem, ainda, a característica de ser "intuitu personae", ou seja, é o empregado que se obriga pessoalmente a prestar os serviços contratados.

A lei brasileira, no art. 443 da CLT, faz uma classificação dos diversos tipos de contratos de trabalho.

Diz referido artigo:

"Art. 443. O contrato individual de trabalho poderá ser acordado tácita ou expressamente, verbalmente ou por escrito e por prazo determinado ou indeterminado.

"§ 1º Considera-se como de prazo determinado o contrato de trabalho cuja vigência dependa de termo prefixado ou da execução de ser-

---

2. *Direito Social*, p. 132.
3. Ibidem, p. 135.

viços especificados ou ainda da realização de certo acontecimento suscetível de previsão aproximada.

"§ 2º ("omissis")."

Vê-se que a lei classifica o contrato individual de trabalho primeiro em função da forma de celebração, e segundo quanto à natureza da contratação.

Quanto à forma, o contrato individual de trabalho pode ser tácito ou expresso e verbal ou escrito.

O contrato tácito ocorre quando alguém presta serviços não eventuais a outrem, sob dependência deste e mediante salário, muito embora não tenham as partes contratantes externado de forma explícita e clara esta vontade. As partes, através da continuidade da prestação do serviço, implicitamente concordam na celebração de um contrato de trabalho.

Exemplifica-se com um pedreiro que, passando em frente a um edifício em construção, lê, em uma placa ali afixada: "Precisa-se de pedreiro". Este trabalhador, sem nada falar, começa a preparar concreto, argamassa e a construir paredes, sem qualquer oposição do engenheiro encarregado pela construção.

O contrato expresso é aquele em que as partes estipulam de forma clara as condições da prestação do serviço, podendo ser celebrado de forma verbal ou escrita.

Quanto à natureza, o contrato individual de trabalho pode ser por prazo determinado ou por prazo indeterminado.

O contrato por prazo indeterminado é celebrado sem prefixação de seu tempo de duração. Há uma presunção de que se prolongará indefinidamente. Poderá ocorrer, mesmo, que dure até o empregado aposentar-se.

Os contratos por prazo determinado só podem ser celebrados, segundo a lei, quando o serviço é de natureza transitória; quando as atividades da empresa possuem este caráter; nos contratos de experiência.

Quanto ao contrato de experiência, a lei permite que seja celebrado por um máximo de noventa dias (art. 445 da CLT).

1.2 *A terminação do contrato de trabalho*

Como já foi frisado acima, este livro visa a investigar as justas causas para dispensa do empregado. Logo, ele não se prenderá à discussão existente na doutrina referente à terminologia a ser usada em cada caso de terminação do contrato de trabalho.

Poder-se-iam escrever várias páginas para trazer todas as divisões autorizadas pela doutrina para justificar os casos de terminação do contrato de trabalho.

Resolução, resilição e rescisão são alguns dos termos usados.

A melhor divisão é a proposta por Cesarino Jr.; por isso, em nosso texto a ela nos ateremos.

Quanto à terminação do contrato de trabalho, afirma Cesariano Jr. "que podem existir dois tipos fundamentais: 1) o de cessação das relações de trabalho; 2) o de sua rescisão. Distinguem-se em que a cessação resulta de um fato, é involuntária, portanto, ao passo que a rescisão provém de um ato, sendo, em conseqüência, voluntária".[4]

E continua o Mestre:

"A rescisão de contrato por duração indeterminada, pode dar-se por acordo dos contratantes (rescisão bilateral ou distrato) ou por declaração de vontade unilateral. Neste caso, dela pode surgir direito à indenização de antigüidade e à obrigação do aviso prévio.

"Seria interessante, em boa técnica jurídica, uniformizar a terminologia, denominando despedida a rescisão unilateral por ato do empregador e demissão a rescisão unilateral por ato do empregado, o que, infelizmente, ainda não ocorre nem na legislação, nem na prática."

Portanto, o melhor é ficar com o termo *rescisão* para identificar a terminação do contrato de trabalho por vontade de uma das partes, e, mais precisamente, rescisão unilateral por justa causa (dispensa por justa causa).

1.3 Terminologia: justa causa e falta grave

Abrindo o estudo sobre a justa causa, queremos trazer a posição da doutrina quanto ao seu conceito.

O que se nota é que a doutrina é relativamente harmônica na conceituação da justa causa.

Wagner Giglio conceitua justa causa "como todo ato faltoso grave, praticado por uma das partes, que autoriza a outra a rescindir o contrato, sem ônus para o denunciante".[5]

---

4. Idem, ibidem.
5. *Justa Causa*, p. 18.

INTRODUÇÃO AO ESTUDO DA JUSTA CAUSA 21

Evaristo de Moraes Filho, por sua vez, diz que justa causa "é todo ato doloso ou culposamente grave, que faça desaparecer a confiança e boa-fé existentes entre as partes, tornando, assim, impossível o prosseguimento da relação."[6] E, analisando o conceito dado por si próprio, esclarece Evaristo: "a) Não passa de meramente superficial e de simples gradação a distinção entre justa causa e falta grave (arts. 482 e 493 da CLT). Tomamos, assim, doutrinariamente, como sinônimos as duas locuções, abandonando o acidente legal, puramente adjetivo e de menor monta. b) Devem sempre estar presentes as figuras de imputabilidade e de responsabilidade do autor da possível falta cometida, quer com dolo evidente, quer com culpa inequívoca, devendo esta, no entanto, revestir-se de real e efetiva gravidade. A culpa deve ser inescusável e pesada, e não unicamente leve ou levíssima, já bem vizinha do próprio dolo eventual, dado o seu grau de gravidade. c) Por outro lado, grave também deve ser a falta cometida, a ponto de fazer que se rompam os laços de confiança que até então existiam entre as partes, impedindo a simples alegação do princípio da boa-fé na execução do contrato. d) E a medida para o grau de gravidade da falta cometida encontra-se na impossibilidade do prosseguimento ou continuação do contrato, levando-o a um rompimento definitivo. Excluímos, de propósito, as expressões "ainda que provisório" da conceituação italiana, de vez que há justas causas de lenta formação, tais como embriaguez habitual, negociação habitual, desídia, incontinência de conduta etc., que permitem a continuação do contrato provisoriamente, podendo o empregador dar aviso prévio ao seu empregado. Embora perigoso para o empregador, que corre o risco de uma possível e futura alegação de justa causa, não é esta incompatível com o instituto do aviso prévio. Em existindo motivo legal para a dispensa, tudo fica a critério do contratante prejudicado ou ofendido, dependendo da sua vontade optar entre a pronta dispensa e dação de aviso prévio, sem pagamento de indenização por tempo de serviço (de antigüidade ou de despedida injusta), como é óbvio".

Comentando a transcrição acima do pensamento de Evaristo, Antônio Lamarca afirma "que a fundamentação da definição do ilustre e nunca assaz elogiado Mestre é, resumidamente, a seguinte: a justa causa apresenta sinonímia com a falta grave; é mera questão de gradação; o agente (quer seja o empregado, quer seja o empregador) deve agir com culpa grave ou dolo, pois que as culpas leve e levíssima não justificam

---

6. *A Justa Causa na Rescisão do Contrato de Trabalho*, p. 105.

a resolução do contrato; a falta, de qualquer das partes contratantes, deve ser grave, a ponto de abalar definitivamente a confiança recíproca; essa gravidade há de ser de tal sorte que impeça o prosseguimento da relação empregatícia; fica excluída a expressão "anche provisoria" ("ainda que provisória", do art. 2.119 do CC italiano), porquanto faltas existem que são de formação lenta e permitem a configuração do contrato provisoriamente, a parte (empregado ou empregador) pode dar até aviso prévio".[7]

Mas Lamarca não concorda com Evaristo. Veja-se o pensamento do autor do *Manual das Justas Causas*: "Não podemos, ao que nos parece, dar o nosso "nihil obstat" à célebre definição, por vários motivos. Antes de tudo, a controversa questão da terminologia: preferimos, como visto, "resolução", não "rescisão" (mas esta palavra é da preferência do legislador). Diz a definição: "sem ônus para nenhuma das partes". No Direito brasileiro do Trabalho dos nossos dias, as conseqüências da "justa causa" (digamos assim) já não são as mesmas de antigamente. Se o obreiro não for optante pelo Fundo de Garantia, ou se for colono (neste ponto por enquanto), terá direito, se não configurada ou provada, a "falta", ao 13º salário proporcional, às férias proporcionais, ao aviso prévio e à indenização de antigüidade. Se o trabalhador for optante pelo Fundo, o mecanismo da "indenização" sofre alterações, mas a mesma não fica perdida devido à ocorrência de "falta" ou "falta grave". Com efeito, à falta de "justa causa", a empresa deverá acrescer os depósitos compulsório e vinculados (...); a ocorrência de "justa causa" faz com que o obreiro perca juros e correção monetária relativos ao período em que trabalhou na empresa onde se deu o evento: o capital, porém, depositado em conta vinculada em nome do empregado optante, esse continua a pertencer-lhe, podendo ser levantado em ocasiões especiais (...). Como se vê, na hipótese de opção do empregado pelo FGTS, continua a haver ônus para o empregador; este é legalmente obrigado a depositar antecipadamente aquilo que, grosseira e genericamente, chamamos de "indenização". Não se pode, portanto, falar em ausência de ônus para a parte denunciante, quando esta for o empregador".[8]

Délio Maranhão, comentando a definição de Evaristo, afirma que, "na verdade, o que torna impossível o prosseguimento de um contrato é a força maior. E a justa causa pode ser, mesmo tacitamente, perdoada. A justa causa torna, isto sim, indesejável o prosseguimento do contrato".[9]

7. *Manual das Justas Causas*, p. 264.
8. Ob. cit., p. 266.
9. *Instituições de Direito do Trabalho*, v. I/536.

José Martins Catharino, citado por Lamarca,[10] define: "Justa causa (ou falta grave) é todo ato, ou omissão, doloso ou intensamente culposo, de um dos sujeitos da relação de emprego, ou de ambos, o que torna objetivamente insuportável sua continuação".

Amauri Mascaro Nascimento afirma que "justa causa é o ato humano conflitante com o valor que é observado pelas pessoas segundo os deveres normais impostos pelas normas de conduta que disciplinam as obrigações resultantes da relação de emprego".[11]

Mozart Víctor Russomano entende que a lei brasileira estabeleceu distinção entre justa causa e falta grave, chegando a afirmar que se criou uma graduação entre elas, "de modo que toda falta grave envolve justa causa, não sendo, porém, exata a recíproca".[12]

E o Mestre gaúcho, em seus *Comentários à Consolidação das Leis do Trabalho,* assevera que: "Enquanto a primeira se configura em qualquer das hipóteses do art. 482 e é suficiente para despedida imediata do empregado com menos de dez anos de trabalho para a empresa, a segunda é uma "justa causa" que, por sua repetição ou por sua natureza, tem maior importância, autorizando — uma vez apurada através de inquérito judicial — a dispensa do trabalhador estável. Em alguns casos, portanto, a justa causa coincide com a falta grave: improbidade, por exemplo. Em outros, há justa causa, sem haver falta grave: as repetidas faltas ao serviço, punidas pela primeira vez".[13]

Para se ter uma noção da dificuldade em se definir os termos "justa causa" e "falta grave", Dorval de Lacerda, autor de uma monografia intitulada *A Falta Grave no Direito do Trabalho,* em nota à referida obra, afirma: "Devo esclarecer, de início, que a expressão "falta grave", neste livro usada e que lhe serve de título, não se refere apenas ao ato bastante para resilição do contrato de trabalho do empregado estável, mas, também, àquele que, com a imprópria denominação de "justa causa", autoriza, ao empregado ou ao empregador, a rescisão de qualquer contrato de prestação dependente".

Wagner Giglio resume bem a controvérsia doutrinária sobre o tema. Afirma o autor que:

"Justa causa sempre nos pareceu uma expressão infeliz, porque causa não tem nela sentido jurídico, mas popular, e justa (ou injusta)

---

10. Ob. cit., p. 267.
11. *Curso de Direito do Trabalho,* p. 415.
12. *O empregado e o Empregador no Direito Brasileiro,* p. 315.
13. *Comentários* cit., v. I/556.

poderá vir a ser a conseqüência do motivo determinante da rescisão, nunca o próprio motivo ou causa. Assim, a justa causa não seria nem justa, nem causa, e melhor andaríamos se a ela nos referíssemos, seguindo o exemplo da lei, como motivo da rescisão.

"Não menos infeliz é a expressão "falta grave", onde o primeiro termo não significa ausência, carência ou escassez, e sim engano, falha, defeito ou infração. E "grave", no sentido de importante, intensa ou grande, deve ser toda e qualquer infração, pois as veniais não caracterizam sequer justa causa, como se verá. Via de conseqüência, afirmar-se que alguém cometeu uma falta grave não teria, a rigor, o sentido técnico pretendido, ensejando dúvidas.

"Muitos anos de uso, entretanto, sedimentaram as expressões "justa causa" e "falta grave", tornando inúteis quaisquer esforços para alterá-las. Conformemo-nos, pois."[14]

O termo "falta grave", utilizado pelo art. 493 da CLT, quer distinguir os atos previstos no art. 482 da mesma CLT, praticados pelo empregado estável. Enquanto a prática de determinados atos uma única vez pelo empregado que não goza de estabilidade pode permitir a terminação do contrato de trabalho por justa causa, para o empregado estável há a exigência da repetição desse ato.

Por outro lado, poderá um único ato praticado pelo empregado estável autorizar a despedida sem ônus. Basta que este ato seja revestido de gravidade o bastante para quebrar o elemento fiduciário que deve existir nos contratos de trabalho.

Exemplifica-se: se um empregado estável furta um bem do empregador, esta atitude, por si só, já caracteriza a falta grave.

Por outro lado, se o mesmo empregado comete um ato de desídia, para a configuração da falta grave deverá existir a reiteração do referido ato.

O próprio art. 493 da CLT autoriza chegar a esta conclusão, pois diz que: "Constitui falta grave a prática dos atos referidos no art. 482 quando, por sua repetição ou natureza representa séria violação dos deveres e obrigações do empregado".

Parece que o problema é de terminologia. Enquanto a lei usa o termo "justa causa" para as faltas praticadas pelo empregado sem estabilidade, o termo "falta grave" é usado para designar as mesmas faltas praticadas pelo empregado estável.

14. Ob. cit., p. 18.

INTRODUÇÃO AO ESTUDO DA JUSTA CAUSA 25

Diferença há no ato da despedida do empregado estável. Para despedi-lo, o empregador deverá antes propor inquérito judicial para apuração da falta grave, conforme o art. 853 da CLT, que diz: "Art. 853. Para instauração de inquérito para apuração de falta grave contra empregado garantido com estabilidade, o empregador apresentará reclamação por escrito à Junta ou Juízo de Direito, dentro de trinta dias, contados da data da suspensão do empregado".

Como se vê, o empregador poderá suspender o empregado faltoso, conforme assevera o art. 494 da CLT: "Art. 494. O empregado acusado de falta grave poderá ser suspenso de suas funções, mas a sua despedida só se tornará efetiva após o inquérito em que se verifique a procedência da acusação".

Os casos de estabilidade decenal hoje em dia são raros, mas existem; além do quê subsistem as estabilidades decorrentes de avença particular (contrato individual), convenção ou acordos coletivos, e as estabilidade provisórias, "v. g.", a do dirigente sindical, a da gestante, a dos membros das CIPAS (Comissões Internas Para Prevenção de Acidentes) etc.

Convém esclarecer que, a partir da Constituição Federal de 1988, a estabilidade decenal desapareceu, e o procedimento acima só é adotado nos casos dos portadores desta estabilidade, as do dirigente sindical, do diretor eleito de cooperativas e dos membros eleitos das comissões de conciliação prévia (§ 1º do art. 625, "b", da CLT), não se aplicando aos demais casos.

1.3.1 Processualística da falta grave

Como já foi estudado, para poder despedir o dirigente sindical, o diretor eleito de cooperativa e o membro das Comissões de Conciliação Prévia (§ 1º do art. 625, "b", da CLT), faz-se necessária a propositura do inquérito para apuração de falta grave.

Assim determina o art. 853 da CLT: "Para instauração de inquérito para apuração de falta grave contra empregado garantido com estabilidade, o empregador apresentará reclamação por escrito à Junta ou Juízo de Direito, dentro de 30 dias, contados da data da suspensão do empregado".

O inquérito exige sempre petição escrita, não se aplicando a regra do art. 840, § 1º, da CLT. O número de testemunhas a serem ouvidas sobe para seis de cada parte.

O empregador, que é o autor da ação, deverá recolher as custas antes do julgamento, sendo as mesmas calculadas sobre o valor da causa, o qual será de seis vezes o salário do empregado (art. 789, §§ 3º e 4º, da CLT).

O prazo para a propositura da ação é de 30 dias após a suspensão do empregado – prazo, este, de decadência.

Caso o empregador não suspenda o empregado, deverá propor imediatamente o inquérito, tendo em vista o princípio da imediatidade, o qual também aqui deverá ser observado.

Julgado procedente o inquérito, o contrato de trabalho será considerado rescindido na data da suspensão do empregado; se improcedente, e estando suspenso o trabalhador, este deverá ser reintegrado e o empregador terá de pagar os salários correspondentes ao período de suspensão.

Portanto, fiquemos com a expressão "justa causa".

1.4 Caracterização da justa causa

A caracterização da justa causa na legislação brasileira é enumerativa. Isto quer dizer que só existe justa causa se a mesma estiver prevista na lei. Seguiu-se no Direito do Trabalho o mesmo sistema legal do Direito Penal, ou seja: neste, só existe o crime se o ato delituoso estiver previsto no Código Penal. A esta forma dá-se o nome de tipo penal. É o princípio do "nulum crimen nulla poena sine lege". Da mesma forma, no Direito do Trabalho, no campo das justas causas, não há que se falar de prática de ato que seja justa causa se não houver previsão legal. Portanto, o sistema legal brasileiro traz enumeração rígida das justas causas; isto quer dizer que só podem ser invocados os motivos relacionados na lei para justificar uma resolução por justa causa.

Cumpre ressaltar que, além do sistema enumerativo utilizado pelo Direito brasileiro, existem dois outros sistemas: o genérico e o exemplificativo.

O sistema genérico é aquele em que a lei dispõe de modo amplo, de forma geral e abstrata, não limitando nem exemplificando as hipóteses de justas causas. A lei outorga ao Judiciário o trabalho de verificar se ocorreu ou não justa causa, no exame de casos concretos.

Já, no sistema exemplificativo, a lei traz um enunciado genérico e, ao mesmo tempo, menciona alguns exemplos elucidativos.

Evaristo de Moraes Filho afirma, quanto aos três sistemas, que: "Na prática, acabam por se confundir, eis que em qualquer deles amplos são os poderes do juiz, na busca da verdade essencial quanto ao fato imputável a qualquer das partes; além de se constituir uma sólida jurisprudência casuística em torno do assunto, supletiva da ausência de formulação enumerativa legal. Por outro lado, as convenções coletivas de trabalho e os regulamentos de empresa acabam igualmente por suprir essa ausência, especificando as hipóteses de justo rompimento do pacto, por motivo contratual ou disciplinar".[15]

O sistema enumerativo utilizado pelo Direito brasileiro é criticado por Albert Richard, chegando a afirmar este autor que "forçosamente excluiria numerosas eventualidades impossíveis de serem previstas num código, que se deve limitar ao estabelecimento de princípios e não visar à solução de todos os litígios".[16]

Discordando do autor supra, Dorval de Lacerda sustenta que: "Parece-me que não sobra muita razão ao insigne Professor suíço, tanto por motivos de fato como de direito. Diz ele que há eventualidades impossíveis de previsão e que, em si, constituem, ante a lógica e o bom senso, violação do pacto; mas, sendo, o sistema limitativo, de modo algum poderiam, se omisso, ser entendidas como tal. Como tal, na verdade, não havendo capitulação legal, não poderiam ser consideradas. Mas a nossa discordância do Mestre reside na afirmativa da existência ou possibilidade da existência de eventualidades imprevisíveis, numa lei bem elaborada. E o que prova e defende nosso ponto de vista é a própria realidade brasileira, onde nunca surgiram atos, que o bom senso indicasse como nocivos e prejudiciais, que não estivessem contidos na enumeração legal. Nunca um empregador se viu justamente tolhido pela omissão da lei. Nem o empregado".[17]

As justas causas do empregado encontram previsão legal basicamente no art. 482 da CLT. São elas: a improbidade, a incontinência de conduta, o mau procedimento, a negociação habitual, a condenação criminal, a desídia, a embriaguez, a violação de segredo, a indisciplina, a insubordinação, o abandono de emprego, o ato lesivo da honra e boa fama, a prática de ofensas físicas, a prática constante de jogos de azar e a prática de atos atentatórios à segurança nacional.

Além das hipóteses do art. 482, outros artigos da própria CLT tratam de justas causas. O art. 508 diz ser justo motivo para a dispensa do empregado bancário e não pagamento contumaz de dívidas legalmente exigíveis.

15. Ob. cit., p. 292.
16. In Dorval de Lacerda, ob. cit., p. 16.
17. Ob. cit., p. 216.

Outra justa causa específica encontramos no art. 432, § 2º, que trata da falta reiterada do trabalhador aprendiz a curso de aprendizagem em que esteja matriculado, ou falta de aproveitamento. Da mesma forma o art. 240, parágrafo único, que traz justa causa específica para o ferroviário:

"Art. 240. Nos casos de urgência, ou de acidente, capazes de afetar a segurança ou regularidade do serviço, poderá a duração do trabalho ser excepcionalmente elevada a qualquer número de horas, incumbindo à estrada zelar pela incolumidade dos seus empregados e pela possibilidade de revezamento de turmas, assegurando ao pessoal um repouso correspondente e comunicando a ocorrência ao Ministério do Trabalho, dentro de dez dias da sua verificação.

"Parágrafo único. Nos casos previstos neste artigo, a recusa, sem causa justificada, por parte de qualquer empregado, à execução de serviço extraordinário será considerada falta grave."

Uma outra justa causa é encontrada no parágrafo único do art. 158 da CLT:

"Art. 158. Constitui ato faltoso do empregado a recusa injustificada:

"a) à observância das instruções expedidas pelo empregador na forma do item II do artigo anterior;

"b) ao uso de equipamentos de proteção individual fornecidos pela empresa."

Além das justas causas previstas na CLT, encontramos ainda na legislação não consolidada outras hipóteses, como, por exemplo, na lei do atleta profissional (Lei 6.354/76), que prevê, em seu art. 20, ser justa causa para rescisão do contrato de trabalho, com eliminação do futebol nacional: ato de improbidade, grave incontinência de conduta, condenação a pena de reclusão superior a dois anos transitada em julgado e eliminação imposta pela entidade de direção máxima do futebol nacional ou internacional.

Parece que a menção de justas causas em dispositivos esparsos não seria, ou não é, necessária, uma vez que as justas causas estão todas relacionadas no art. 482 da CLT.

Assim, a falta de pagamento de dívidas, prevista no art. 508 da CLT, poderia ser facilmente enquadrada como improbidade (art. 482, "a", da CLT, que trata do ato de improbidade). O empregado menor aprendiz, ao ser desleixado em seus estudos, não tirando boas notas e faltando a curso de aprendizagem, encontraria sua atitude prevista no art. 482, "e", que trata da desídia; e o ferroviário que tomasse a atitude que se encaixasse no parágrafo único do art. 240 da CLT estaria sendo insubordinado (art. 482, "l", da CLT).

A justa causa prevista no parágrafo único do art. 158 é fato típico de indisciplina ou insubordinação, atitudes, estas, previstas na letra "l" do art. 482 da CLT.

Da mesma forma, as justas causas relacionadas na lei do atleta profissional também encontram previsão no art. 482 da CLT, sendo todas elas redundantes.

Já as justas causas do empregador estão previstas no art. 483 da CLT.

1.5 A gravidade do ato praticado pelo empregado

Diante de um ato considerado faltoso por parte do empregado, pode o empregador aplicar-lhe sanção. Este direito é conferido ao empregador através do poder disciplinar que a este é reconhecido.

Este poder disciplinar encontra um freio, o qual serve para limitar a aplicação de penalidade.

O poder disciplinar exterioriza-se pela aplicação pelo empregador, diante de uma falta do empregado, das penas de advertência, suspensão e despedida.

A limitação acima citada tem na noção de justiça sua base para a aplicação de penalidades.

Logo, apurar a gravidade do ato faltoso é tarefa de grande importância, para que não se cometam injustiças.

O homem é um ser imperfeito, e muitas vezes comete falhas. A tarefa é distinguir até onde uma falta ou uma atitude falha do empregado constitui justa causa.

Deverá existir sempre proporcionalidade entre ato faltoso e punição.

Diante de infração leve, deve o empregador aplicar pena leve. A dispensa por justa causa deverá ficar reservada para as infrações realmente graves.

Bortolotto, em sua obra *Diritto del Lavoro,* afirma "que só haverá ato faltoso, bastante para justificar a rescisão quando se verificar uma violação de tal modo grave que impeça a continuação, mesmo provisória, da relação de trabalho".[18] Aponta este autor um critério, no qual há de imperar o bom senso na aplicação das penalidades.

18. "Apud" Dorval de Lacerda, ob cit., p. 16.

A verdade é que o exame dos atos faltosos praticados pelo empregado deve ser feito caso por caso. Na avaliação do caso, hão que se ter em conta a função exercida e o próprio empregado. Logo, o mesmo ato praticado por um professor e por um operário poderá constituir justa causa para o primeiro e não para o segundo.

O ambiente também influi na apreciação da falta. É só imaginar um canteiro de obras onde serventes, pedreiros, carpinteiros, enfim, homens rudes, desempenham suas atividades profissionais; se ocorrerem palavrões e xingamentos, estes não constituirão ato faltoso que enseje a dispensa dos empregados. Já, as mesmas palavras proferidas por professores numa faculdade caracterizarão a justa causa.

Evaristo de Moraes Filho afirma: "Por isso, já em Direito do Trabalho, damos inteira razão a Bortolotto quando expõe que a justa causa deve ser avaliada subjetiva e objetivamente ao mesmo tempo, e não só de um desses dois prismas. Devem ser levadas em conta as condições pessoais dos contratantes, o passado de ambos (no que interessa à causa da denúncia, é claro), o momento psicológico em que foi cometida a falta e assim por diante. Daí repetirem quase unanimemente em refrão os autores italianos que, do ponto de vista subjetivo, uma falta pode ser grave, mas, em relação aos méritos particulares do empregado, com uma prestação de serviços longa, laboriosa, honesta, pode igualmente perder esse caráter de gravidade. Como também, ao contrário, pode não ser grave, mas, em confronto com a conduta sempre desrespeitosa, permanentemente, descurada do empregado, assumir o caráter de particular gravidade.

"Por outro lado, considerando objetivamente, uma falta pode geralmente ser de leve importância, mas, cometida em determinado ambiente, chega por vezes a assumir um grau de gravidade absoluto. O exemplo, sempre lembrado pelos tratadistas, o do empregado que fuma numa fábrica de pólvora ou de material de fácil combustão, onde expressamente se declara no regulamento da empresa que tal ato é proibido, pelos inúmeros e óbvios perigos que pode acarretar. Esta mesma falta, no entanto, aqui de iniluível gravidade, já não será, por exemplo, se se tratar de um trabalhador de uma simples firma especializada em trabalhos de ferro ou de mármore.

"Com esses ligeiros enunciados, deixamos sobejamente demonstrado que a figura da falta grave não pode ser encarada sobre o ângulo abstrato nem sob qualquer dogmatismo esquemático e hermético, e sim concretamente, variando de hipótese para hipótese, nos seus cometimentos reais. Devem ser reunidos, para a valoração da justa causa, todos os dados que a antecederam, que a condicionaram e que sejam capazes de ter alguma relação com o seu aparecimento. Afinal de contas, como já havia escrito De Maistre, no começo do século XIX, tudo o que é necessário existe. Não há propriamente falta grave, há atos faltosos. Analisem-se os elementos pessoais dos contratantes, se houve dolo ou culpa grave por parte do faltoso, qual o seu tempo de serviço, a conduta anterior, a índole das relações que mantêm os contratantes entre si. Não sejam esquecidos também os elementos objetivos do meio em que foi cometida a falta, a natureza do emprego exercido, os costumes sociais ambientes, e todos os demais fatores que cercam o mundo em que vivem e trabalham os participantes do contrato, tão de repente apresentados à plena luz dos tribunais, como personagens de drama ou, não raro, de comédia também."[19]

Dorval de Lacerda aponta sete requisitos para a caracterização do ato faltoso: 1) que esteja capitulado na lei; 2) que haja um prejuízo do denunciante; 3) que a falta seja real, e não subjetiva; 4) que a falta seja atual; 5) que, pela quebra dos pressupostos contratuais, seja impossível ou gravosa, moral, disciplinar ou materialmente, a continuação da relação, por fato doloso e, em certos casos, mesmo culposo daquele que determinou a denúncia; 6) a relação causa e efeito; 7) a conexidade da falta com o serviço.[20]

1.6 Imediatidade

Por imediatidade entende-se o princípio pelo qual o ato faltoso deve sofrer punição tão logo tenha o empregador conhecimento do mesmo.

Luigi de Litala doutrina que "a falta deve ser atual, no sentido de que, quando uma falta cometida é conhecida pelo empregador, e este não decidiu punir ou dispensar o prestador de serviços, não pode depois invocar mais aquela falta como motivo da resolução".[21]

Barassi, a respeito da imediatidade, ensina que, "por isso, se transcorrer um certo tempo depois que uma das partes tenha conhecimento do fato imputável à outra, período, portanto, de inação, isto demonstrará ou uma diminuta sensibilidade do contraente que tinha notícia da falta, ou, então, a pouca importância que o fato tem a seus olhos. E deste modo cessa o fato de ser motivo legítimo para uma rescisão tardia".[22]

19. Ob. cit., p. 216.
20. Ob. cit., p. 16.
21. "Apud" Evaristo de Moraes Filho, ob. cit., p. 109.
22. In *Il Contrato di Lavoro*, "apud" Evaristo de Moraes Filho, ob. cit., p. 110.

Wagner Giglio afirma que "a atualidade indica a gravidade atribuída pelo empregador ao ato faltoso se funciona como indício da existência de justa causa. Assim, embora pudesse ter existido uma infração, de natureza grave bastante para autorizar o despedimento, se a aplicação dessa penalidade não for imediata, descaracteriza-se a justa causa. E assim é porque, mesmo existindo ato faltoso como requisito essencial da gravidade, do ponto de vista objetivo, infere-se que o empregador, subjetivamente, não o considerou com gravidade suficiente para impedir a subsistência da relação empregatícia, tanto assim que a prestação de serviços continuou, normalmente, após a ciência da prática faltosa. Em suma: só ocorreu desatualização do ato faltoso porque o empregador não lhe reconheceu gravidade. Se houvesse reconhecido, não permitiria passar-se o tempo, sem aplicar a punição".[23]

Hueck e Nipperdey, citados por Evaristo, dizem o seguinte a respeito da imediatidade: "a) o pressuposto de fato ("Tatbestand") pode perder seu caráter de motivo grave por um transcurso de tempo relativamente longo, pois, ao tempo da denúncia (despedida), por ele se tornaria impossível a continuação da relação de trabalho. Pouco importa aqui o conhecimento de seu direito pelo rescindente; b) pode deduzir-se da conduta do interessado uma renúncia ao motivo de rescisão, desde que ele tenha pleno conhecimento do seu direito. Seu silêncio deve ser interpretado, de acordo com a boa-fé, como não querendo utilizar-se da situação de fato a seu favor; c) o direito de denúncia justa do contrato pode ser perdido por decadência, se decorrer longo tempo sem que o seu titular dele se utilize, fazendo com que a outra parte, segundo a boa-fé, deixe de contar com essa possibilidade, significando o seu exercício, no momento, um rigor excessivo. Quase sempre coincide a decadência com a renúncia, com a diferença de que na primeira não há necessidade de conhecimento do direito, além de ser mais longa; d) finalmente, pode desaparecer o direito da denúncia pelo perdão da falta cometida".[24]

De todo o exposto, pode-se afirmar que a inércia do empregador diante da falta cometida faz pressupor tenha o mesmo perdoado. Não prejudica a imediatidade o buscar o empregador a apuração dos fatos para, só depois de absoluta certeza, dispensar o empregado por justa causa. Com isto quer-se dizer que a falta comedida deve ser imediatamente punida, e não instantaneamente, ou seja, no exato instante em que o empregador toma conhecimento do fato.

---

23. Ob. cit., p. 26.
24. In Evaristo de Moraes Filho, ob. cit., p. 112.

Deve-se levar em conta que, entre o momento em que o empregador vem a tomar conhecimento do ato faltoso e a aplicação de penalidades, há a necessidade de se meditar algumas horas ou até alguns poucos dias. Esta cautela pode ser benéfica ao próprio empregado. Mas o que não se pode é admitir prazos longos de meditação.

Por outro lado, se um ato faltoso é praticado, e se este ato contém gravidade suficiente para justificar a dispensa por justa causa, a demora na aplicação da penalidade faz concluir que o empregador perdoou o referido ato.

Wagner Giglio, quanto ao problema da instaneidade, leciona o seguinte:

"Não se poderia exigir, porém, fossem todas as faltas punidas instantaneamente, no minuto mesmo que chegassem ao conhecimento da direção, pois, nas grandes organizações empresariais, o processo de tomar ciência, verificar, apurar e avaliar um ato faltoso, e aplicar-lhe a penalidade correspondente, sofre os entraves e delongas impostos pela burocracia, divisão de atribuições, organização de serviço etc.

"Mesmo nas pequenas firmas deve ser evitada — e, portanto, não pode ser exigida — a instantaneidade da reação do empregador, ao punir o empregado, pois a pressa é tradicional inimiga da perfeição. Reagindo afoitamente, pode o empresário se deixar levar pela emotividade, cometendo injustiças.

"A falta deve, pelo contrário, ser bem examinada, sopesadas as circunstâncias, verificada a personalidade do infrator, sua vida funcional e todos os demais fatores que envolveram a prática faltosa. Somente após esse cauteloso exame estará o empregador habilitado a punir seu empregado na justa medida, aplicando-lhe punição proporcional à gravidade da falta.

"O tempo gasto para tal verificação varia de caso para caso, conforme a complexidade da organização interna da empresa e o cuidado devotado à apuração da falta.

"Deve haver, assim sendo, um critério que sirva para orientar o julgador na avaliação da atualidade. Fixar-se, "a priori", um espaço de tempo em dias não é possível, pois uma hora, um dia ou dois podem ser tolerados, entre a infração e a pena, em certas empresas, enquanto outras necessitam, por vezes, de trinta dias ou mais, para aplicar a punição.

"Parece-nos que se deva exigir a imediaticidade da punição. Exemplifiquemo-nos: a reação do empregador deve seguir-se imediatamente à ciência da falta, o que não significa instantaneidade, mas sim que não houve solução de continuidade, desde o conhecimento da falta, passando pelo seu exame e pela ponderação dos fatores que a envolveram, até a escolha da pena e sua aplicação.

"Dessa forma, haverá imediatidade da punição, sendo a falta considerada atual, sempre que não tenha ocorrido solução de continuidade no processo interno da empresa para aplicação da pena. Pelo contrário, presumir-se-á "perdoado" o ato faltoso diante do desinteresse na aplicação da penalidade, se ocorrer interrupção desse processo.

"Para exemplificar: se, sabendo da existência de uma prática faltosa, não diligência o empregador, imediatamente, no sentido de aplicar a penalidade, ensejando que a prestação de serviços continue normalmente, não poderá, um dia ou dois depois, punir aquela falta, já desatualizada pelo decurso desse tempo. Se o processo de apuração, verificação etc. tomou longo tempo, dada a complexidade da organização, pode uma falta datada de há mais de trinta dias vir a ser punida, desde que as providências tomadas não tenham sofrido solução de continuidade.

"No caso de justa causa configurada por uma série de atos faltosos espaçados no tempo, mas reiteradamente praticados (desídia, prática de jogos de azar etc.), a atualidade da falta será apurada a partir do conhecimento da última infração.

"Se a última prática faltosa foi tacitamente "perdoada", o conjunto das faltas anteriores carece de atualidade para justificar o despedimento. Se a última infração foi punida com pena diversa do despedimento, não poderá o empregador usá-la para tentar justificar a dispensa, pois incidiria na proibição da dupla penalidade por uma mesma falta ("non bis in idem").

"Em suma, deverá a dispensa se seguir, nesses casos, imediatamente depois da prática de um último ato faltoso."[25]

Mario de La Cueva também argumenta sobre o problema da imediatidade/instantaneidade: "De outro lado, suponhamos que os fatos eram suficientemente graves para decretar a rescisão; se a terminação do contrato não se produz nesse instante, se continua a prestação de serviços e se, finalmente, não se manifesta uma nova causa de rescisão, não parece lógico que se dissolva a relação meses depois, eis que a continuação do serviço é prova bastante de que não seria necessária a

25. Ob. cit., p. 27.

terminação, mas, ao contrário, ser digna de proteção a relação de trabalho".[26]

Veja-se ilustrativo acórdão: "Imediatidade. O empregador, ao tomar conhecimento da infração cometida pelo seu empregado, deveria ter tomado as medidas cabíveis, em atenção ao princípio da imediatidade. No entanto, o ajuizamento do inquérito trabalhista só se deu cerca de treze meses após o fato, quando o requerido já tinha obtido indulto. Já que não houve imediatidade entre o impedimento da continuidade do trabalho e a instauração de inquérito, inexistiu a justa causa ensejadora da rescisão contratual (TRF, RO 7.036-MG, 4.419/89, causa ensejadora da rescisão contratual, rel. Min. Carlos Thibau)".

A aplicação imediata de penalidade a um empregado faltoso é garantia deste frente a seu empregador.

Não se poderia outorgar ao empregador o poder de fazer uso do direito de dispensar o empregado quando melhor lhe aprouvesse. Tal situação traria tamanha insegurança ao empregado, ficando este como que tendo sempre uma arma apontada para sua cabeça, pronta para disparar, o que seria atitude incompatível com os princípios de confiança e boa-fé que devem existir no contrato de trabalho.

Evaristo de Moraes Filho tem interessante ilustração a respeito da imediatidade:

"Quando se diz imediatidade, como muito bem frisou Lang, quer-se significar certo espaço de tempo depois de que o empregador, ou o empregado, tenha tido conhecimento da ocorrência da justa causa. Muitas vezes, na primeira hipótese, é dessa mesma hesitação que resulta o perdão para o empregado, isto é, após sopesar os prós e os contras para a dispensa do faltoso. Deve, assim, ser admitida certa tolerância na avaliação deste prazo de dispensa. O que se faz necessário é sempre certa continuidade na averiguação, ou nos cuidados de apuração da falta e suas circunstâncias, atitude inequívoca do beneficiado pelo ato faltoso, que denote bem sua atenção voltada sempre para a falta grave cometida. A imagem que nos ocorre é da pedra lançada num lago, formando em torno dela, desde o instante que penetra a água, uma série de círculos concêntricos, cada vez mais amplos e menos nítidos, até desaparecerem totalmente, mas não resta a menor dúvida de que o impulso da pedra se mantém atual e presente até a final tranqüilidade da água. Assim funciona a justa causa nas relações entre empregado e empregador: perturba-as, sacode-as, torna-as intranqüilas e inseguras, deixando sem-

---

26. *Derecho Mexicano*, p. 703, "apud" Dorval de Lacerda, ob. cit., p. 28.

pre um resquício de quebra de confiança e de boa-fé. Para que se mantenha atual, mister se faz que o clima entre os contratantes permaneça alterado, agitado e abalado pelo próprio fato de seu cometimento. Com a volta ao normal, como se nada houvesse acontecido — ainda a imagem da pedra no lago —, torna-se necessário que outra seja praticada, embora não impeça que a primeira ou a anterior possa servir de agravante ou de elemento aferidor da segunda.

"Se se seguir, a ferro e fogo, o critério de demissão imediata, repentina, brusca, poder-se-ia prejudicar o próprio empregado, como dissemos acima, porque todo empregador, com receio de conseqüências futuras, o dispensaria desde logo, sem maiores indagações. O que convém fixar, agora e sempre, é o seguinte: toda falta grave acarreta depois de si como um sentimento de indignação ou revolta por parte do ofendido, durante o qual fica profundamente abalada a confiança recíproca inerente à própria relação de trabalho. É no transcurso dessa fase, de instabilidade contratual, que o faltoso espera a tomada de posição da outra parte. Tal, porém, não ocorre. Passa-se um dia, uma semana, um mês, volta a relação entre os dois à sua vida normal, tranqüila, como as águas do lago onde se atirou a pedra" — afirma, ainda, o mestre, renuncia ao "direito de poder usar essa falta grave como fundamento para a rescisão do contrato de trabalho por justa causa. Está subentendida a renúncia tácita ao motivo legítimo de ruptura que se lhe ofereceu."[27]

De todo o exposto, a conclusão a que se chega é a de que cabe ao julgador, no exame do caso concreto, aferir se houve ou não imediata aplicação da pena ante a ocorrência de um ato grave pelo empregado.

1.7 "Non bis in idem"

Este princípio do Direito Penal, que consiste na proibição de aplicação de dupla penalidade a um único ato delituoso, também é aplicável no Direito do Trabalho. Isto quer dizer que, se o empregador punir o empregado de alguma forma, advertindo-o ou suspendendo-o, não poderá, pelo mesmo fato, dispensá-lo mais tarde.

Se, por exemplo, um empregado comete ato de insubordinação e seu empregador o suspende por três dias e, na volta ao trabalho, tendo em vista que o empregador meditou durante esses três dias, chegando à conclusão de que a penalidade imposta foi pequena, resolve dispensar o empregado por justa causa, esta atitude é proibida.

27. Ob. cit., p. 119.

INTRODUÇÃO AO ESTUDO DA JUSTA CAUSA 37

Logo, deve o empregador meditar profundamente, consultando seus assessores, antes de aplicar uma penalidade ao empregado que cometeu falta reputada grave. Se esta é forte o bastante para justificar a dispensa, se assim não age o empregador, estará impedido de fazê-lo, se optar por uma sanção mais leve.

Não há controvérsias na doutrina a respeito deste tema. De qualquer forma, tendo em vista o caráter de investigação deste livro, é importante trazer a opinião dos mestres.[28]

"Se o fato já foi objeto de uma sanção disciplinar (multa, suspensão etc.), não pode servir de motivo para despedida imediata" (Krotoschin).

"Convém estabelecer, por fim, que não se pode falar de suspensão disciplinar como causa de despedida, em razão do princípio de "non bis in idem", segundo o qual não são admissíveis duas penalidade ou sanções para um mesmo fato. Cabe, sim, frisar-se que a suspensão disciplinar, como qualquer outra sanção anterior, constitui uma agravante para converter uma falta leve em outra mais importante" (Cabanellas).

"Não se pode admitir a possibilidade de impor, por um mesmo fato, duas penalidades: a suspensão antes, e a despedida depois" (Deveali).

Vejam-se quatro acórdãos que vêm ilustrar este tópico:

"Dupla punição — Inadmissibilidade. Aplicada a pena de suspensão esgota-se o poder disciplinar da empresa com relação ao fato punível, que deixa de constituir, por mais grave que seja, justa causa para a despedida" (TRT-7ª R., ac. 101/79, de 5.4.79, no proc. 59/79, rel. Juiz Marques Cavalcante).

"Não pode a empresa punir falta única do seu empregado com três penalidades sucessivas, culminando com a demissão, pois a partir da segunda punição incidiu ela na proibição do "bis in idem" (TRT-6ª R., ac. de 8.5.74, no proc. 157/74, rel. Juiz José Ajuricaba, *DJU* 7.6.74).

"Uma vez punido o empregado com a pena de suspensão ou de advertência, inadmissível a rescisão fundada em justa causa, com base na mesma falta" (TRT-3ª R., 2ª T., proc. 2.604/74, rel. Juiz Odilon de Souza).

"O "bis in idem" é proibido por lei. Por uma só falta o empregado não pode sofrer mais de uma punição" (TRT-8ª R., ac. no RO. 73/81, de 11.2.81, rel. Juiz Espírito Santo Carvalho).

---

28. As posições doutrinárias de Krotoschin, Cabanellas e M. Deveali foram extraídas de Evaristo de Moraes Filho, ob. cit., p. 141.

1.8 Justa causa e aviso prévio

Pode ocorrer de o empregador tomar ciência de que certo empregado cometeu um ato que contenha gravidade suficiente para permitir a dispensa por justa causa e, ao invés de dispensá-lo por justa causa, dar-lhe aviso prévio.

Diz o art. 487 da CLT:

"Art. 487. Não havendo prazo estipulado, a parte que, sem justo motivo, quiser rescindir o contrato deverá avisar a outra da sua resolução com antecedência mínima de:

"I — ("omissis").

"II — trinta dias aos que perceberem por quinzena ou mês, ou que tenham mais de doze meses de serviço na empresa."

Está claro que o aviso prévio só é concedido quando não há "justo motivo".

Na prática, pode ocorrer que o empregador, mesmo após ter dado o aviso prévio, queira rescindir o contrato por justa causa.

Parece que o empregador que concede aviso prévio perde o direito de dispensar o empregado por justa causa. Se o ato faltoso do empregado contém gravidade suficiente para dispensa justa, ao conceder o aviso prévio o empregador perdoa tacitamente o empregado faltoso.

O que foi estudado sobre a imediatidade vale também neste ponto. O empregador, não dispensando o empregado faltoso imediatamente, perde o direito de despedi-lo. A concessão de aviso prévio fulmina o direito de dispensa outorgado ao patrão.

Afirma Francis Raleigh Batt: "O patrão pode perder o seu direito de despedir por continuar com o empregado em seu serviço. Esta renúncia, algumas vezes chamada de perdão, deve ser feita com o mais completo conhecimento dos fatos pelo empregador (...) não haverá perdão, e o patrão, vindo a ser bem informado, pode instantaneamente despedir o empregado. Mas ele não é obrigado a despedi-lo, e se escolhe, depois do conhecimento da fraude, continuar com ele a seus serviços, não pode a nenhum tempo subseqüente despedi-lo, por isso que houve renúncia da fraude cometida ou então o empregado foi perdoado".[29]

Lição de grande valia neste ponto é o ensinamento de Valente Simi: "Não permitir o prosseguimento, ainda que provisório, da relação

---

29. *The Main of Master and Servant*, 3ª ed., Londres, 1939, p. 74, "apud" Evaristo de Moraes Filho, ob. cit., p. 113.

não vale só para caracterizar a gravidade do fato, mas fixa um outro requisito que deve concorrer para que a rescisão brusca possa ser tida como legítima: o da imediatidade da reação. Quem, diante de um fato que apresente os extremos de gravidade próprios da "justa causa", não reaja de algum modo, por muito tempo, deixando prosseguir a relação, e, depois de haver tolerado tal prosseguimento, queira fazer valer a suposta justa causa teria demonstrado com a própria atitude que não se faziam presentes os extremos de necessária resolução e negado, pelo mesmo motivo, a incompatibilidade absoluta que afirmava levá-lo à rescisão. Por outro lado, no entanto, mas em função da concreta natureza da relação e das suas características, e até, frisamos, da impossibilidade de substituir imediatamente, sem grave prejuízo para a empresa, o trabalhador que deve ser afastado. Além disso, o requisito da imediatidade deve ser compreendido como respeitado quando se executam as necessárias providências antes de tomar uma decisão para o caso".[30]

Entretanto, se o empregador concede o aviso prévio e durante este prazo descobre que o empregado cometeu um ato faltoso grave, ou se este ato é cometido durante o prazo do aviso prévio, nestes casos o patrão poderá despedir o empregado por justa causa.

Aliás, a CLT traz norma com previsão neste sentido. Trata-se do art. 491, que diz: "O empregado que, durante o prazo de aviso prévio, cometer qualquer das faltas consideradas pela lei como justas para a rescisão, perde o direito ao restante do respectivo prazo".

O empregado que cometa justa causa durante o prazo do aviso prévio perderá não só o restante do respectivo prazo, como diz a lei, mas também as outras indenizações que lhe seriam devidas no caso da não ocorrência da justa causa. Neste sentido é o Enunciado 73 do TST: "Falta grave, salvo a de abandono de emprego, praticada pelo empregado no decurso do prazo do aviso prévio dado pelo empregador, retira àquele direito à indenização".

1.9 Justa causa na suspensão e na interrupção do contrato de trabalho

No Brasil, a lei divide a suspensão do contrato de trabalho em suspensão propriamente dita e interrupção, que seria uma suspensão parcial. A doutrina mundial divide a suspensão em total e parcial.

---

30. Cit. por Evaristo de Moraes Filho, ob. cit., p. 113.

A doutrina brasileira chega a afirmar que a distinção entre interrupção e suspensão é meramente cerebrina.

Não é nosso intuito dissertar quanto às diferenças terminológicas e jurídicas da suspensão e da interrupção do contrato de trabalho.

Fiquemos com a distinção feita por Antônio Lamarca: "Na interrupção há o cômputo no tempo de serviço, do prazo do afastamento; e na suspensão não".[31]

Tanto na interrupção quanto na suspensão subsiste a subordinação.

Logo, pode o empregado cometer atos faltosos que constituam justa causa mesmo em períodos de afastamento do trabalho, seja por suspensão ou interrupção.

Portanto, pode o empregador dispensar o empregado por justa causa mesmo durante as férias, durante o afastamento para o serviço militar, durante licença médica ou licença-gestante etc.

Podem-se imaginar várias hipóteses de ocorrência de justa causa durante os períodos de suspensão ou de interrupção do contrato de trabalho. Pode o empregado entregar-se à embriaguez habitual, pode agredir seu superior hierárquico com ofensas físicas ou ofensas à honra, sofrer condenação criminal etc.

Logo, a suspensão e a interrupção do contrato de trabalho não constituem obstáculo para a ocorrência da despedida por justa causa.

1.10 Processo criminal e justa causa

Algumas vezes um ato ensejador de despedida por justa causa constitui-se em crime.

Imagine-se a hipótese de um empregado despedido por improbidade por ter furtado máquina de calcular do empregador. Este empregado é processado na esfera criminal, mas, concomitantemente, propõe reclamação trabalhista visando ao recebimento de seus direitos trabalhistas.

No caso acima, se a Justiça Criminal concluir pela inexistência do delito, nada obsta a que no processo trabalhista fique reconhecida a existência da justa causa.

E o contrário, como ficaria?

---

31. In *Contrato de Trabalho*, p. 7, "apud" Wagner Giglio, ob. cit., p. 46.

INTRODUÇÃO AO ESTUDO DA JUSTA CAUSA 41

A resposta a esta pergunta comporta pequeno estudo. Inicialmente, veja-se o art. 8º da CLT:

"Art. 8º. As autoridades administrativas e a Justiça do Trabalho, na falta de disposições legais ou contratuais, decidirão, conforme o caso, pela jurisprudência, por analogia, por eqüidade e outros princípios e normas gerais de Direito, principalmente do Direito do Trabalho, e, ainda, de acordo com os usos e costumes, o Direito Comparado, mas sempre de maneira que nenhum interesse de classe ou particular prevaleça sobre o interesse público.

"Parágrafo único. O Direito Comum será fonte subsidiária do Direito do Trabalho, naquilo em que não for incompatível com os princípios fundamentais deste".

Portanto, conforme autorização da CLT, examine-se o art. 1.525 do CC brasileiro: "Art. 1.525. A responsabilidade civil é independente da criminal; não se poderá, porém, questionar mais sobre a existência do fato, ou quem seja o seu autor, quando estas questões se acharem decididas no Crime".

E mais: Os arts. 65, 66 e 67 do CPP vêm ajudar na solução do problema. Dizem os referidos artigos:

"Art. 65. Faz coisa julgada no Cível a sentença penal que reconhecer ter sido o ato praticado em estado de necessidade, em legítima defesa, em estrito cumprimento de dever legal ou no exercício regular de direito.

"Art. 66. Não obstante a sentença absolutória no juízo criminal, a ação civil poderá ser proposta quando não tiver sido, categoricamente, reconhecida a inexistência material do fato.

"Art. 67. Não impedirão igualmente a propositura da ação civil:

"I — o despacho de arquivamento do inquérito ou das peças de informação;

"II — a decisão que julgar extinta a punibilidade;

"III — a sentença absolutória que decidir que o fato imputado não constitui crime."

Portanto, forçoso é concluir que, se o empregado está sendo processado criminalmente pela prática de um ato que fundamentou sua despedida por justa causa, se houver processo trabalhista, este deverá ter sobrestado seu andamento, até a final decisão na esfera criminal, isto é, até o trânsito em julgado.

No caso de ocorrer a condenação do empregado na esfera penal, sempre haverá justa causa, ficando obrigado o juiz trabalhista a julgar no mesmo sentido do juiz criminal.

Havendo absolvição criminal, sendo esta por inexistência do delito ou por não ter sido o empregado o autor, nestes casos também não há que se falar em justa causa.

Nas demais hipóteses o juiz trabalhista estará livre para a apreciação da justa causa, como, por exemplo, se no processo penal ocorrer a prescrição.

1.11 Efeitos da justa causa

Primeiramente, cumpre deixar claro que o motivo da despedida não fica constando das anotações da Carteira de Trabalho e Previdência Social do empregado. A CTPS não pede a especificação do motivo da terminação do contrato individual de trabalho. Resume-se a trazer apenas uma síntese do contrato: o nome do empregador, o endereço deste, a data da admissão e a data da saída do empregado.

Ronald Amorim informa o valor prático da CTPS: "Na prática a Carteira de Trabalho serve para demonstrar o tempo de exercício da profissão, a ascensão do empregado na sua atividade, se ele costuma afastar-se, com alguma freqüência, em gozo de benefício previdenciário, já que tais benefícios são anotados, se ele permanece por longo tempo nos empregos que tem, se ocorre acidentar-se com freqüência, qual sua evolução salarial no último emprego, enfim, ela se presta a fornecer dados que, na maioria das vezes, são examinados pelo futuro empregador para negociar condições de trabalho com seu portador".[32]

Quanto aos direitos trabalhistas do empregado, estes sofrem alterações.

A rescisão do contrato individual de trabalho de um empregado por justa causa no período de experiência tira deste o direito à indenização prevista no art. 480 da CLT, bem como perderá o direito ao recebimento do 13º salário proporcional e das férias proporcionais, além de não levantar o valor dos depósitos efetuados na conta do FGTS.

Os empregados cujo contrato individual de trabalho esteja vigendo por prazo indeterminado, mas com menos de um ano de vigência, perderão o direito ao recebimento do 13º salário proporcional, às férias

---

32. *Manual de Legislação Social*, p. 31.

proporcionais, não levantarão os depósitos existentes na conta do FGTS, nem terão direito à indenização constitucional de 40% sobre estes depósitos, bem como não receberão o aviso prévio.

Os empregados cujo contrato por prazo indeterminado conte com mais de um ano perderão o direito ao recebimento do aviso prévio, do 13º salário, das férias proporcionais, ao levantamento dos depósitos no FGTS e à indenização constitucional dos 40% sobre estes depósitos. Contudo, fica resguardado o recebimento das férias vencidas, já que estas constituem direito adquirido do empregado.

Em todos os casos acima o empregado terá direito de receber o pagamento dos dias trabalhados.

Quanto ao FGTS, o Decreto 99.684, de 8.11.90, que regulamenta a Lei 8.036, de 11.5.90, (nova lei sobre o FGTS), diz, em seu art. 15: "Art. 15. Ocorrendo rescisão do contrato de trabalho, pelo empregador, por justa causa, o trabalhador demitido somente terá direito ao saque de sua conta vinculada nas hipóteses previstas nos incisos III a VIII do art. 35".

E os incisos supramencionados prevêem:

"Art. 35. A conta vinculada do trabalhador no FGTS poderá ser movimentada nas seguintes hipóteses:

"(...)

"III — aposentadoria concedida pela Previdência Social;

"IV — falecimento do trabalhador;

"V — pagamento de parte das prestações decorrentes de financiamento habitacional concedido no âmbito do Sistema Financeiro da Habitação — SFH, desde que:

"a) o mutuário conte com o mínimo de três anos de trabalho sob o regime do FGTS, na mesma empresa ou em empresas diferentes;

"b) o valor bloqueado seja utilizado, no mínimo, durante o prazo de doze meses; e

"c) o valor de cada parcela a ser movimentada não exceda a oitenta por cento do montante da prestação;

"VI — liquidação ou amortização extraordinária do saldo devedor de financiamento imobiliário concedido no âmbito do SFH, desde que haja interstício mínimo de dois anos para cada movimentação, sem prejuízo de outras condições estabelecidas pelo Conselho Curador;

"VII — pagamento total ou parcial do preço de aquisição de moradia própria, observadas as seguintes condições:

"a) conte o mutuário com o mínimo de três anos de trabalho sob o regime do FGTS, na mesma empresa ou empresas diferentes; e

"b) seja a operação financiada pelo SFH ou, se realizada fora do Sistema, preencha os requisitos para ser por ele financiada;

"VIII — quando permanecer três anos ininterruptos, a partir de 14 de maio de 1990, sem crédito de depósito."

Portanto, forçoso é concluir que o empregado despedido por justa causa não perde o direito de movimentar os depósitos de sua conta vinculada. Aqueles recursos poderão ser utilizados nas hipóteses da lei acima transcritas.

Pela legislação anterior (Lei 5.107, de 13.9.66), o empregado despedido por justa causa tinha o direito apenas ao valor dos depósitos feitos em seu nome, mas perdia, a favor do Fundo, a parcela de sua conta vinculada correspondente à correção monetária e aos juros capitalizados durante o tempo de serviço prestado à empresa da qual fora despedido (art. 7º da referida lei).

2

A JUSTA CAUSA NO DIREITO COMPARADO

2.1 Direito espanhol. 2.2 Direito argentino. 2.3 Direito mexicano. 2.4 Direito português. 2.5 Direito italiano. 2.6 Direito francês. 2.7 Panamá. 2.8 Bolívia.

2.1 Direito espanhol

No Direito espanhol, os motivos que permitem a rescisão do contrato de trabalho por justa causa estão classificados em disciplinares, quebra do dever de fidelidade e causas específicas da prestação da relação de emprego.

O Estatuto dos Trabalhadores sofreu alterações em 1995, através do Real Decreto Legislativo 1/1995, de 24 de março.

Diz o art. 54 do Estatuto:

"Despido disciplinario.

"1. El contrato de trabajo podrá extinguirse por decisión del empresario, mediante despido basado en un incumplimiento grave y culpable del trabajador.

"2. Se considerarán incumplimientos contractuales:

"a) las faltas repetidas e injustificadas de asistencia o puntualidad al trabajo;

"b) la indisciplina o desobediencia en el trabajo;

"c) las ofensas verbales o físicas al empresario o a las personas que trabajan en la empresa o a los familiares que convivan con ellos;

"d) la transgresión de la buena-fe contractual, así como el abuso de confianza en el desempeño del trabajo;

"e) la disminuición continuada y voluntaria en el rendimiento de trabajo normal o pactado;

"f) la embriaguez habitual o toxicomanía si repercurten negativamente en el trabajo."

Para despedir um empregado com base em alguma das causas acima, o empregador deve notificar por escrito o trabalhador, indicando os fatos que o motivam e a data.

Sobre a entrega da notificação ao empregado assim se pronuncia Juan M. Ramírez Martinez:[1] "La *notificación* de la carta de despido habrá de hacerse al trabajador (es un acto recepticio), debiendo poner el empresario todos los medios razonables para ello: entrega en el centro de trabajo, en su domicilio con acuse de recibo etc. También surte efectos la firma por testigos en caso de ser rehusada por el destinatario. En todo caso, la prueba de que se entregó la carta corresponde al empresario".

As causas relativas ao dever de disciplina estão assim divididas:

a) Indisciplina ou desobediência no trabalho. Este preceito concorda com o art. 5º, "c", do Estatuto dos Trabalhadores, segundo o qual é dever básico do trabalhador cumprir as ordens e instruções do empresário no exercício regular de suas faculdades diretivas, e com o art. 20, 1, do mesmo Estatuto, que dispõe sobre a obrigatoriedade para o trabalhador de "realizar o trabalho sob a direção do empresário ou pessoa a quem este delegue". A indisciplina configura-se como uma atuação contra o poder do empregador.

A desobediência distingue-se em objetiva e subjetiva, ou seja, quando o empregado não cumpre o disposto nas normas legais ou não segue as diretrizes empresariais, dentro dos limites legais. Um descumprimento objetivo, que poderia dar causa a uma despedida, seria não cumprir seu dever básico de "observar em seu trabalho as medidas legais e regulamentos de segurança e higiene que se adotam"(arts. 5º, "b", e art. 21, 2, do Estatuto dos Trabalhadores).

b) Ofensas verbais ou físicas contra o empresário ou as pessoas que trabalhem na empresa, ou aos familiares que convivam com eles (art. 54, "c", do Estatuto dos Trabalhadores).

Para caracterizar esta justa causa, a atuação do empregado deve ser de caráter grave, ou reiteradas vezes leve, podendo constituir-se em: 1) dano psíquico ou verbal: maus-tratos por palavras; 2) dano físico ou lesões materiais; 3) a embriaguez habitual ou toxicomania que repercutem negativamente no trabalho (art. 54, "f", do Estatuto dos Trabalhadores).

d) A participação do trabalhador em greve ilegal. Esta dá ao patrão o direito de despedir por justa causa.

Quanto às causas que encontram sua origem no dever de fidelidade do trabalhador, o Direito espanhol prevê:

a) A transgressão da boa-fé contratual, assim como o abuso de confiança no desempenho do trabalho (art. 55, "d", do Estatuto dos Trabalhadores).

---

1. *Curso de Derecho del Trabajo*, p. 432.

O art. 5º, "a" do Estatuto dos Trabalhadores diz que "o trabalhador tem como dever básico o de cumprir com as obrigações concretas de seu posto de trabalho, de conformidade com as regras de boa-fé e diligência". E o art. 20, 2, do mesmo diploma legal reza que "o trabalhador e o empresário se submeterão às exigências da boa-fé".

d) Concorrência desleal. Diz o art. 5º, "d", do Estatuto dos Trabalhadores que será justa causa para despedida "o concorrer deslealmente com a atividade da empresa".

Por fim, quanto às causas específicas da prestação laboral, a lei espanhola prevê:

a) As faltas repetidas e injustificadas, ou atrasos nas mesmas condições (art. 54, 2, "e").

b) Diminuição continuada e voluntária no rendimento do trabalho normal ou pactuado (art. 54, 2, "f").

O que se percebe do estudo da lei espanhola é que ela adotou o princípio limitativo, da mesma forma que a legislação brasileira. Isto quer dizer que nenhum motivo que não esteja previsto na lei pode ser aventado.

2.2 Direito argentino

O Direito argentino optou pela adoção do sistema enumerativo. Quanto às justas causas, ele não se prende apenas à Lei de Contrato de Trabalho, mas as trata também em leis especiais, tais como o Estatuto dos Bancário (Lei 12.637); Estatuto dos Docentes Particulares (Lei 13.047); Estatuto dos Jornalistas (Lei 12.908). Todas estas leis trazem enumeração exaustiva das justas causas.

A Lei 11.729, de 26.9.33 (Código de Comércio) de tão larga vigência no Direito argentino, definia, no art. 159, que "se considera arbitrária a inobservância do contrato entre o empregador e seu empregado, sempre que não se fundamente em injúria que tenha feito, qualquer deles, à segurança, à honra ou aos interesses do outro ou de sua família". Esta lei foge ao sistema taxativo. Pelo seu enunciado, vê-se que a mesma adota o princípio exemplificativo.

Mas, hoje em dia, a LCT, que tem técnica mais depurada, traz em seu art. 242 uma definição conceitual quase que totalmente isenta das definições particulares.

E, assim, dá-se no Direito argentino que as figuras que constituem justa causa vêm previstas na lei de forma enumerativa.

Para exemplificar, a LCT, no art. 84, destaca o dever de diligência e colaboração; no art. 86, o cumprimento de ordens e instruções; no art. 87, a responsabilidade por danos; e, no art. 89, os auxílios ou ajudas extraordinários.

Não obstante ser enumerativa, Enrique Herrera afirma:

"La enumeración de ningún modo puede considerarse exhaustiva, pues las mismas partes, individual o coletivamente, pueden pactar expresa o implicitamente otras obligaciones de carácter material, vinculados con el objeto concreto de la prestación".[2]

2.3 Direito mexicano

A lei mexicana adota sistema misto que, a bem da verdade, mais se aproxima do sistema taxativo. Em seu art. 47 traz a legislação mexicana as seguintes causas que desoneram o empregador de qualquer pagamento ao empregado:

"I — Enganarlo el trabajador o, en su caso, el sindicato que lo hubiese propuesto o recomendado con certificados falsos o referenciais en los que se atribuyan al trabajador capacidad, aptitudes, facultades de que carezca. Esta causa de recisión dejará de tener efecto después de treinta dias de prestar sus servicios el trabajador.

"II — Incurrir el trabajador, durante sus labores, en faltas de probidad y honradez, en actos de violencia, amagos, injurias o malos tratamientos en conta del patrón, sus familiares o del personal directivo o administrativo de la empresa o establecimiento, salvo que medie provocación o que obre en defensa propia.

"III — Cometer el trabajador contra alguno de sus compañeros cualquiera de los actos enumerados en la fracción anterior, si como consecuencia de ellos se altera la disciplina del lugar en que se desempeñe el trabajo.

"IV — Cometer el trabajador, fuera del servicio, contra el patrón, sus familiares o personal directivo o administrativo, alguno de los actos a que se refiere la fracción II, se son de tal manera graves que haga imposible el cumplimiento de la relación de trabajo.

"V — Ocasionar el trabajador, intencionalmente, perjuicios materiales durante el desempeño de los labores y con motivo de ellos, en los

---

2. *Extinción de la Relación de Trabajo*, p. 320.

edifícios, obras, maquinaria, instrumentos, materias-primas y demás objetos relacionados con el trabajo.

"VI — Ocasionar el trabajador los perjuicios de que habla la fracción anterior siempre que sean graves, sin dolo, pero con negligencia tal, que ella sea causa única del perjuicio.

"VII — Comprometer el trabajador, por su imprudencia o descuido inexcusable, la seguridad del establecimiento o de las personas que se encuentran en el.

"VIII — Cometer el trabajador actos inmorales en el establecimento o lugar de trabajo.

"IX — Revelar el trabajador los secretos de fabricación o dar a conocer asuntos de caracter reservado, con perjuicios de la empresa.

"X — Tener el trabajador mas de tres faltas de asistencia en un periodo de treinta dias, sin permiso del patrón o sin causa justificada.

"XI — Desobedecer el trabajador al patrón o a sus representantes, sin causa justificada, siempre que se trate del trabajo contratado.

"XII — Negarse el trabajador a adoptar las medidas preventivas o a seguir los procedimientos indicados para evitar accidentes o enfermedades.

"XIII — Concurrir el trabajador a sus labores en el estado de embriaguez o bajo la influencia de alguns narcótico o droga enervante, salvo que, en este último caso, exista prescripción médica. Antes de iniciar su sercivio, el trabajador deverá poner el hecho en conocimiento del patrón y presentar la prescripción suscrita por el médico.

"XIV — La sentencia ejecutoria que inponga al trabajador una pena de prisión, que le implica el cumplimiento de la relación de trabajo; y

"XV — Las análogas a las establecidas in las fracciones anteriores, de igual manera graves y de consecuencias semejantes en lo que al trabajo se refiere."

A enumeração supra é, segundo a tradição do Direito mexicano, exemplificativa, não obstante, à primeira vista, parecer que esgota as ocorrências práticas.

É só atentar-se para o inciso XV, que dá ao aplicador da lei a possibilidade de valer-se da analogia quando do exame do caso concreto.

Hugo Italo Morales, comentando esse inciso XV, afirma:

"Se considera que todos los supuestos relatados como causa de rescisión son enumerativos y que el cumplimiento del contrato por parte del trabajador no és una situación que el legislador pueda prever en todos los casos.

"La aplicación de la analogía se deja a juicio de la autoridad laboral; esta puede dar por rescindido el contrato si el acto és similar y de consecuencias idénticas a cualquiera de las hipótesis en las cuales procede la rescisión."[3]

Na ocorrência da despedida por justa causa, o empregador deverá dar ao empregado aviso por escrito com a data e as causas de rescisão, sob pena de, não o fazendo, ser a mesma considerada injusta.

2.4 Direito português

É da tradição do Direito português a adoção dos sistemas genéricos e exemplificativos.

A matéria é regida atualmente pelo Decreto-lei 64-A/89, de 27.2.89. Este Decreto-lei revogou o Decreto-lei 372-A/75, assim como as demais leis que tratavam de justas causas.

Trata o referido diploma legal, no capítulo IV, do "Despedimento promovido pela entidade empregadora", mais precisamente no art. 9º, da justa causa de despedimento.

Diz a lei portuguesa:

"Art. 9º. *Justa causa de despedimento.*

"1. O comportamento culposo do trabalhador que, pela sua gravidade e conseqüências, torne imediata e praticamente impossível a subsistência da relação de trabalho constitui justa causa de despedimento.

"2. Constituirão, nomeadamente, justa causa de despedimento os seguintes comportamentos do trabalhador:

"a desobediência ilegítima às ordens dadas por responsáveis hierarquicamente superiores;

"b) violação de direitos e garantias de trabalhadores da empresa;

"c) provocação repetida de conflitos com outros trabalhadores da empresa;

"d) desinteresse repetido pelo cumprimento, com a diligência devida, das obrigações inerentes ao exercício do cargo ou posto de trabalho que lhe esteja confiado;

"e) lesão de interesses patrimoniais sérios da empresa;

---

3. *La Estabilidad en el Empleo.*

"f) prática intencional, no âmbito da empresa, de actos lesivos da economia nacional;

"g) faltas não justificadas ao trabalho que determinem diretamente prejuízos ou riscos graves para a empresa ou, independentemente de qualquer prejuízo ou risco, quando o número de faltas injustificadas atingir, em cada ano, cinco seguidas ou dez interpoladas;

"h) falta culposa de observância de normas de higiene e segurança no trabalho;

"i) prática, no âmbito da empresa, de violências físicas, de injúrias ou outras ofensas punidas por lei sobre trabalhadores da empresa, elementos dos corpos sociais ou sobre a entidade patronal individual não pertencente aos mesmos órgãos delegados ou representantes;

"j) seqüestro e em geral crimes contra a liberdade das pessoas referidas na alínea anterior;

"l) incumprimento ou oposição ao cumprimento de decisões judiciais ou actos administrativos definitivos e executórios;

"m) reduções anormais de produtividade do trabalhador;

"n) falsas declarações relativas à justificação de faltas."

O artigo supra repetiu a previsão do Decreto-lei 372-A/75. À primeira vista, pode parecer que o sistema da lei portuguesa é o taxativo.

Mas a Justiça portuguesa de longa data tem-se pronunciado no sentido de que a previsão legal é meramente exemplificativa.

Vejam-se, a respeito, algumas decisões:

"É meramente exemplificativa a enumeração dos comportamentos constitutivos de justa causa de despedimento, feita no n. 2 do art. 10º do Decreto-lei 372-A/75 (ac. de 2.5.86, R. 1.356, ADSTA 296/297, p. 1190)".

"As normas do art. 10º, n. 2, do Decreto-lei 372-A/75, de 16 de julho, não são normas típicas autônomas de justa causa mas tão-somente normas imperfeitas ou incompletas que encontram o seu natural complemento nos elementos da norma constitutiva ou definidora de justa causa do seu n. 1 (ac. de 23.5.84, R 468, BTE 2º, n. 3-41985, p. 395)".

"As causa de despedimento constantes do n. 2 do art. 10º do Decreto-Lei 372-A/75 estão aí indicadas a título exemplificativo, podendo por isso uma convenção coletiva de trabalho mencionar outras causas, desde que tornem impossível a subsistência das relações de trabalho (ac. de 10.5.85, R. 1.012, ADSTA 288, p. 1.425)".

Deveras interessante é o processo previsto pela legislação portuguesa quando da despedida por justa causa.

O empregador é obrigado a comunicar ao empregado por escrito, dando-lhe ciência de que está sendo despedido por justa causa.

Diz o art. 10º, 1: "1. Nos casos em que se verifique algum comportamento que integre o conceito de justa causa, a entidade empregadora comunicará, por escrito, ao trabalhador que tenha incorrido nas respectivas infrações a sua intenção de proceder ao despedimento, juntando nota de culpa com a descrição circunstanciada dos factos que lhe são imputáveis".

O empregador deverá, ainda, na mesma data, remeter à comissão de trabalhadores da empresa cópia da comunicação feita ao empregado, além da nota de culpa, sendo que, se o trabalhador for representante sindical, será enviada cópia dos dois documentos à associação sindical respectiva.

Tem o trabalhador cinco dias úteis para consultar o processo e responder à nota de culpa.

Cumpre ressaltar que a decisão neste caso, isto é, quando o trabalhador responde à comunicação e à nota de culpa, cabe ao empregador.

Todavia, sendo desfavorável ao empregado a decisão proferida, poderá ele socorrer-se do Poder Judiciário.

A lei portuguesa, em seu art. 12º ("Ilicitude do despedimento"), prevê que: "A ilicitude do despedimento só pode se declarada pelo Tribunal em acção intentada pelo trabalhador" (item 2).

2.5 Direito italiano

Adota o direito italiano o sistema genérico. O art. 2.119 do Código Civil italiano diz: "Recesso per giusta causa — Ciascuno dei contraenti può recedere dal contratto prima della scandeza del termine, se il contratto è a tempo determinato, o senza preavviso, se il contratto è a tempo indeterminato, qualora si verifichi una causa che non consenta la prosecuzione, anche provvisoria, del repporto. Se il contratto è a tempo indeterminato, al prestatore di lavoro che recede per giusta causa compete l'indemnitá indicata nel secondo comma dell'articolo precedente".

Não há na lei italiana um elenco de motivos, sendo que coube à jurisprudência construir um rol de graves motivos para a rescisão do contrato de trabalho por justa causa.

O sistema legislativo italiano permite que os contratos coletivos de trabalho prevejam um elenco de motivos ensejadores da rescisão por justa causa. Nestes casos, o sistema italiano passa de genérico para enumerativo, pois só podem ser argüidos como motivos justos para a rescisão do contrato de trabalho os previstos nos contratos coletivos, que, então, apenas enumeram o princípio geral contido na lei.

Não existindo enumeração em contrato coletivo de trabalho, os tribunais é que dirão se há ou não justa causa no exame de um caso concreto.

2.6 Direito francês

É da tradição do Direito francês a adoção do sistema genérico.

Tanto nos contratos por tempo determinado quanto nos contratos por prazo indeterminado, a lei francesa prevê a rescisão por justa causa.

Quanto à ruptura antecipada dos contratos com prazo determinados, a lei francesa ("Code du Travail") diz, no art. L. 122-3-8: "Sauf accord des parties, le contrat à durée determinée ne peut-être rompu avant l'échéance du terme qu'en cas de faute grave ou de force majeure".

Interessa para este trabalho somente a falta grave.

Comentando o artigo supra, o Prof. Jean Maurice Verdier assevera:

"La faute grave est celle qui rend "intolérable" le maintien des relations contractuelles. Elle est appréciée par les tribunaux sous le contrôle de la Cour de Cassation. La perte de confiance n'est pas assimilable à une faute grave.

"La partie lésée peut rompre le contrat par sa seule volonté, le salarié en cessant le travail, l'employeur en congédiant. L'application de l'article 1.184 du Code Civil est donc modifiée, puisque dans la résolution pour inexécution, la partie lésée doit saisir le juge, alors qu'ici elle rompt le contrat, l'autre partie saississant le juge si elle estime qu'il n'y a pas faute grave. Le tribunal, s'il est saisi, confirmera la rupture (avec éventuellement dommages-intérêts) ou bien condamnera l'auteur de la rupture pour absence de faute grave ou de force majeure.

"La Ordonnance de 1982 a maintenu le système antérieur, pour éviter de maintenir pendant une instance judiciaire l'application du contrat en raison des rapports personnels qu'il engendre, el malgré les critiques adressées."[4]

Depreende-se do comentário supra que a falta grave é apreciada pelos tribunais, sob o controle da Corte de Cassação.

4. Droit du Travail.

Da mesma forma, nos contratos a prazo indeterminado, a apreciação da falta grave é feita somente pelo juiz.

A lei francesa não elenca os motivos para uma rescisão do contrato de trabalho por justa causa.

O Direito francês outorga ao juiz liberdade para decidir se houve ou não falta grave.

2.7 Panamá

A lei panamenha divide os motivos para a terminação do contrato de trabalho por iniciativa do empregador em causas de natureza disciplinar, não imputáveis ao empregado e de natureza econômica.

Seja por qualquer dos motivos previstos pela lei, o empregador tem que notificar a rescisão do contrato de trabalho, a qual deverá ser por escrito, constando a data e os motivos que ensejaram o despedimento, os quais são elementos essenciais para a validade da dispensa.

Assim determina o art. 214 do Código do Trabalho: "El empleador debe notificar préviamente y por escrito al trabajador la fecha y causa o causas específicas del despido o la terminación de la relación de trabajo. Posteriormente no podrá el empleador alegar válidamente causales distintas a las contenidas en la notificación".

Como se vê, a notificação de dispensa não pode ser verbal, porque o despedimento se consideraria injustificado.

Segundo o art. 213 do Código do Trabalho, são motivos para rescisão justificada do contrato de trabalho pelo empregador:

"A) *De naturaleza disciplinaria*

"1. El haber sufrido engaño de parte del trabajador, mediante la presentación de documentos o certificados falsos, que le atribuyan calidades, aptitudes o facultades de que carezca, cuando el contrato o su modificación se celebre en atención a dichas condiciones especiales. El derecho del empleador de terminar el contrato por esta causa caducará al mes a partir de la fecha en que se compruebe la falsedad. Cuando no se trate de certificación de idoneidad para el ejercicio de una profesión, este plazo no excederá de un año, contado desde la fecha del inicio de la relación de trabajo.

"2. Incurrir el trabajador, durante sus labores, en actos de violencia, amenazas o injurias en contra del empleador, sus familiares o de miembros del personal directivo de la empresa o negocio, o de los compañeros de trabajo, excepto que hubiere mediado provocación.

"3. Cometer el trabajador, fuera del centro de trabajo, en contra del empleador, o de miembros del personal directivo de la empresa o negocio, o de sus compañeros de trabajo, uno de los actos descritos en el numeral anterior, si por razón de la gravedad de los mismos fuese imposible la continuación del contrato.

"4. La revelación por parte del trabajador, sin la autorización de su empleador, de secretos técnicos, comerciales o de fabricación o la divulgación de asuntos de carácter administrativo reservados, cuya divulgación pueda causar perjuicios al empleador.

"5. Incurrir el trabajador, durante la ejecución del contrato, en faltas graves de probidad u honradez, o la comisión de delito contra la propiedad, en perjuicio directo del empleador.

"6. Cometer el trabajador, de modo intencional, durante el desempeño de sus labores o con motivo de ellas, un daño material en las máquinas, herramientas, materias-primas, productos, edificios y demás objetos relacionados de modo inmediato con el trabajo.

"7. Causar el trabajador, con culpa de su parte, los daños materiales contemplados en el numeral anterior con la condición de que fuesen graves y que la culpa del trabajador sea la única causa del perjuicio.

"8. Comprometer el trabajador con su imprudencia o descuido inexcusables la seguridad del lugar donde se realicen las labores o de las personas que allí se encuentren.

"9. Negarse el trabajador manifesta y reiteradamente a adoptar las medidas preventivas y los procedimientos indicados para evitar los riesgos profesionales.

"10. Desobedecer el trabajador, sin causa justificada, y en perjuicio del empleador, las órdenes impartidas por éste o sus representantes en la dirección de los trabajos, siempre que fuesen indicadas con claridad, y se refieren, de modo directo, a la ejecución del trabajo contratado.

"11. La inasistencia del trabajador a sus labores, sin permiso del empleador o sin causa justificada, durante dos lunes en el curso de un año, o tres días consecutivos o alternos en el período de un mes. Para los efectos de este numeral se tendrá como lunes el día que siga a uno de fiesta o duelo nacional.

"12. La reincidencia en el abandono del trabajo por parte del trabajador, que comprende la salida intempestiva e injustificada del centro de trabajo, durante las horas de labores, sin permiso del empleador o de quien lo represente, o la negativa reiterada a trabajar sin causa justitificada en la prestación convenida.

"13. La reincidencia del trabajador, en el término de un año, en infrigir las prohibiciones previstas en los numerales 3, 4 y 5 del art. 127.

"14. La comisión por parte del trabajador de confianza de actos u omisiones, dentro o fuera del servicio, que conlleven la pérdida de la confianza del empleador.

"15. El acoso sexual, la conducta imoral o delictiva del trabajador durante la prestación del servicio; y

"16. La falta notoria de rendimiento, calificada de acuerdo con sistemas y reglamentos concretos de evaluación técnica y profesional, préviamente aprobados por el Ministerio de Trabajo y Bienestar Social o acordados en una convención colectiva.

"B. *De naturaleza no imputable*

"1. La inhabilidad originaria o la ineficiencia manifestada del trabajador o la pérdida de la idoneidad exigida por la ley para el ejercicio de la profesión, que haga imposible el cumplimento de las obligaciones del contrato.

"2. La sentencia ejecutoria que imponga al trabajador una pena de prisión o reclusión, o el hecho de que el trabajador que sufra pena de arresto o prisión preventiva no realice oportunamente la notificación prevista en el ordinal 2º del art. 119 del Código de Trabajo, o el transcurso del término de un año a partir de la fecha de detención.

"3. El reconocimiento al trabajador por el sistema de previsión de la pensión de jubilación, o invalidez permanente y definitiva, previa comprobación de que percibirá la pensión respectiva durante el mes siguiente.

"4. La incapacidad mental o física del trabajador, debidamente comprobada, o la pérdida de la idoneidad exigida por la ley para el ejercicio de la profesión, que haga imposible el cumplimiento de las obligaciones esenciales del contrato.

"5. La expiración del plazo de un año, a partir de la fecha de suspensión del contrato, motivada por enfermedad o accidente no-profesional del trabajador.

"6. La incapacidad del empleador cuando conlleve como consecuencia ineludible la terminación del contrato.

"7. La fuerza mayor o caso fortuito que conlleve como consecuencia necesaria, inmediata y directa la paralización definitiva de las actividades del empleador.

"C. *De naturaleza económica*

"1. El concurso o la quiebra del empleador.

"2. La clausura de la empresa o la reducción definitiva de los trabajos, debido a la incosteabilidad notoria y manifiesta de la explotación o al agotamiento de la materia-prima objeto de la actividad extractiva.

"3. La suspensión definitiva de las labores inherentes al contrato o la disminución comprobada de las actividades del empleador, debidas a crisis económicas graves, incosteabilidad parcial de las operaciones por razón de disminución de la producción, o por innovaciones en los procedimientos y equipos de fabricación o revocación o caducidad de una concesión administrativa, cancelación de pedidos u órdenes de compra, o la disminución en la actividad productiva de la empresa en los pedidos u órdenes de compra o en las ventas, u outra causa análoga debidamente comprobada por la autoridad competente.

"En estos casos de despido por causa económica, se aplicarán las siguientes reglas:

"a) Se empezará por los trabajadores de menor antigüedad dentro de las categorías respectivas.

"b) Una vez aplicada la regla anterior, se preferirá, para determinar la permanencia en el empleo, a los trabajadores panameños respecto de quienes no lo sean; a los sindicalizados respecto de quienes no lo estén, y a los más eficientes, respecto de los menos eficientes.

"c) Las mujeres en estado de gravidez, aún si no estuvieren amparadas preferentemente por las reglas anteriores, se despedirán en último lugar, si fuere absolutamente necesario y previo cumplimiento de las formalidades legales.

"d) En igualdade de circunstancias, luego de aplicadas las reglas anteriores, los trabajadores amparados por el fuero sindical tendrán preferencia sobre los demás para su permanecia en el empleo."

Nos casos previstos na alínea "c" do art. 213 (causas econômicas) o empregador deverá comprovar perante a autoridade administrativa do trabalho a insolvência ou a crise econômica pela qual passa a empresa.

2.8 *Bolívia*

O art. 16 da Lei Geral do Trabalho estabelece somente causas de rescisão unilateral do contrato em favor do empregador:

"Art. 16º. No habrá lugar a desahucio ni indemnización cuando exista una de las siguientes causales:

"a) perjuicio material causado con intención en los instrumentos de trabajo;

"b) revelación de secretos industriales;

"c) omisiones o imprudencias que afecten a la seguridad o higiene industrial;

"d) inasistencia injustificada de más de seis días contínuos (D.S. 1592, de 19 de abril de 1949);

"e) inculplimiento total o parcial del convenio;

"f) retiro voluntario del trabajador;

"g) robo o hurto por el trabajador."

Os trabalhadores não têm direito a rescindir o contrato pelos mesmos motivos, o que vem sofrendo críticas da doutrina daquele país.

3

A JUSTA CAUSA NO BRASIL: SUA EVOLUÇÃO

3.1 As justas causas no Código Comercial e no Código Civil. 3.2 As justas causas na legislação trabalhista anterior à CLT.

3.1 As justas causas no Código Comercial e no Código Civil

O Código Comercial brasileiro, Lei 556, de 25.7.1850, já trazia em seu art. 84 (no capítulo referente aos feitores, guarda-livros e caixeiros) previsão de rescisão por justa causa.

Diz o referido artigo:

"Art. 84. Com respeito aos preponentes serão causas suficientes para despedir os prepostos, sem embargo de ajuste por tempo certo:

"1. as causas referidas no artigo precedente;

"2. incapacidade para desempenhar os deveres e obrigações a que se sujeitaram;

"3. todo ato de fraude, ou abuso de confiança;

"4. negociação por conta própria ou alheia sem permissão do preponente."

E o artigo precedente, citado no inicio 1, diz o seguinte: "Julgar-se-á arbitrária a inobservância da convenção por parte dos prepostos, sempre que se não fundar em injúria feita pelo preponente à seguridade, honra ou interesses seus ou de sua família".

Logo, analisando-se o Código Comercial, vê-se que as figuras ali relacionadas são exemplos de desídia, de improbidade e de negociação habitual existentes na lei trabalhista.

O Código Civil brasileiro, Lei 3.071, de 1.1.1916, trata da locação de serviços, no livro "Do Direito das Obrigações," no capítulo "Da locação", seção "Da locação de serviços".

A locação de serviços prevista no Código Civil é a precursora da relação de emprego. Esta, nas legislações trabalhistas, tem nítida preocupação social, isto é, visa proteger o hipossuficiente, qual seja, o empregado.

Criticando a locação de serviços, Washington de Barros Monteiro diz que: "Em suma, ignorou o Código a questão social, a luta de classes, as crises de laborismo, as reivindicações dos trabalhadores. Pela maneira como nele se regulamentou a locação de serviços, o contrato continuaria regido pela férrea lei da oferta e da procura, como se os contratantes se achassem no mesmo pé de igualdade, de um lado, o patrão, geralmente abastado e poderoso, de outro o empregado, que nada possuindo, era obrigado a aceitar o que se lhe oferecesse, na luta pela própria sobrevivência."[1]

No art. 1.229, o Código traz as causas que justificam a rescisão do contrato por parte do locatário.

São elas: "I — força maior que o impossibilite de cumprir suas obrigações; II — ofendê-lo o locador na honra de pessoa da sua família; III — enfermidade ou qualquer outra coisa que torne o locador incapaz dos serviços contratados; IV — vícios ou mau procedimento do locador; V — falta do locador à observância do contrato; VI — imperícia do locador no serviço contratado".

Estes dispositivos da lei comum serviram para inspirar o legislador trabalhista; serviram de norte para a elaboração de uma legislação social, em todos os aspectos, inclusive na rescisão por justa causa.

3.2 As justas causas na legislação trabalhista anterior à CLT

A principal lei anterior à CLT a tratar de justa causa foi a Lei 62, de 5.6.35. Em seu preâmbulo, esta lei dizia que a mesma assegurava "ao empregado da indústria ou do comércio uma indenização quando não existir prazo estipulado para a terminação do respectivo contrato de trabalho e quando for despedido sem justa causa, e dá outras providências". Entre estas "outras providências" encontravam-se as justas causas, as quais estavam relacionadas no art. 5º, que dizia:

"São causas justas para despedida:

"a) qualquer ato de improbidade ou incontinência de conduta, que torne o empregado incompatível com o serviço;

"b) negociação habitual por conta própria ou alheia, sem permissão do empregador;

"c) mau procedimento ou ato de desídia no desempenho das respectivas funções;

---

1. *Curso de Direito Civil*, vol. 5/181.

"d) embriaguez habitual ou em serviço;

"c) violação de segredo de que o empregado tenha conhecimento;

"f) ato de indisciplina ou insubordinação;

"g) abandono de serviço sem causa justificada;

"h) ato lesivo da honra e boa fama praticado no serviço contra qualquer pessoa, ou ofensas físicas nas mesmas condições, salvo em caso de legítima defesa, própria ou de outrem;

"i) prática constante de jogos de azar;

"j) força maior que impossibilite o empregador de manter o contrato de trabalho."

Como se vê, à exclusão da última alínea, as demais foram repetidas na legislação consolidada.

As figuras do art. 482 da CLT, que serão estudadas neste trabalho, são as seguintes:

"a) ato de improbidade;

"b) incontinência de conduta ou mau procedimento;

"c) negociação habitual por conta própria ou alheia sem permissão do empregador e quando constituir ato de concorrência à empresa para a qual trabalha o empregado, ou for prejudicial ao serviço;

"d) condenação criminal do empregado, passada em julgado, caso não tenha havido suspensão da execução da pena;

"e) desídia no desempenho das respectivas funções;

"f) embriaguez habitual ou em serviço;

"g) violação de segredo da empresa;

"h) ato de indisciplina ou insubordinação;

"i) abandono de emprego;

"j) ato lesivo da honra ou da boa fama praticado no serviço contra qualquer pessoa, ou ofensas físicas, nas mesmas condições, salvo em caso de legítima defesa, própria ou de outrem;

"k) ato lesivo da honra e boa fama ou ofensas físicas praticadas contra o empregador e superiores hierárquicos, salvo em caso de legítima defesa, própria ou de outrem;

"l) prática constante de jogos de azar.

"Parágrafo único. Constitui igualmente justa causa para dispensa do empregado a prática, devidamente comprovada em inquérito administrativo, de atos atentatórios à segurança nacional."

Vê-se, pois, que houve uma reordenação nas figuras faltosas. A improbidade ficou na alínea "a", sem outra figura; a incontinência de conduta foi agrupada ao mau procedimento; a desídia também ganhou alínea própria, e o ato lesivo da honra e boa fama acabou por dar origem a outra alínea na lei atual ("k"), onde estende o conceito das justas causas previstas na letra "h" da Lei 62, se aquelas agressões e ofensas forem praticadas contra o empregador e superiores hierárquicos.

Andou bem o legislador consolidado, que, além de ordenar os textos esparsos em matéria trabalhista, corrigiu as deficiências existentes.

Atente-se para o exemplo da improbidade. Esta, como visto, estava agrupada à incontinência de conduta. Ver-se-á, adiante, que tais figuras são completamente diferentes, não havendo qualquer lógica em aparecerem na mesma alínea do art. 5º da Lei 62.

E mais: o legislador consolidado excluiu a expressão "que torne o empregado incompatível com o serviço", existente no final da referida alínea "a" do art. 5º da Lei 62, pois em qualquer justa causa o empregado torna-se incompatível com o serviço.

Cumpre informar, também, que, antes da Lei 62/35, outros diplomas legais trabalhistas trataram de justas causas.

O Decreto 20.465, de 1.10.31, em seu art. 54, trazia um elenco de justas causas.

Em 1932, o Decreto 22.872, de 29 de junho, também tratava de justas causas, sendo estas previstas no art. 90.

Por fim, a pesquisa mostra que o Decreto 24.165, de 9.7.34 (que criou o Instituto de Aposentadoria e Pensões dos Bancários), incluiu como justa causa para despedida a prática de jogos de azar.

Com a Consolidação, a prática de jogos de azar deixou de ser justa causa específica dos bancários, para ser aplicada a todos os empregados, o que ocorria desde a Lei 62/35.

E, mais recentemente, o Decreto-lei 3, de 27.1.66, acresceu ao art. 482 da CLT um parágrafo único que prevê como justa causa "a prática, devidamente comprovada em inquérito administrativo, de atos atentatórios à segurança nacional".

4

IMPROBIDADE

4.1 Posição doutrinária. 4.2 Conceito. 4.3 Corrente subjetivista. 4.4 Corrente objetivista. 4.5 Posição intermediária. 4.6 A prova da improbidade. 4.7 Ato único. 4.8 Local da prática da improbidade. 4.9 Atos de improbidade contra terceiros. 4.10 Ação e omissão. 4.11 Pequeno valor econômico. 4.12 Improbidade e crime. 4.13 Improbidade e dolo. 4.14 Coisas sem dono, abandonadas e perdidas (ou esquecidas).

4.1 Posição doutrinária

Neste tópico será mostrado o entendimento dos autores sobre conceituação, definição e abrangência do termo "improbidade".

Messias Pereira Donato afirma que a improbidade "consiste na prática de ato ou em omissão que revele desonestidade. O conceito é amplo. É de se procurar sua configuração especialmente quando envolve ofensa ao patrimônio do empregador; furto, roubo, apropriação indébita, além de outras situações".[1]

Evaristo de Moraes Filho diz que "constitui-se a falta grave do ato de improbidade pelas práticas que traduzem desonestidade, abuso, fraude e má-fé, que tornam o empregado incompatível com o serviço da empresa, por isso que perdeu a confiança do seu patrão".[2]

Wagner Giglio leciona que "o conceito de ímprobo está na consciência de todos: ímprobo, o que não é probo, aquele que não é honesto; desonesto. A desonestidade, porém, é uma noção moral, que abrange um campo muito extenso. É desonesto quem age com má-fé, fraude, dolo, malícia, simulação etc."[3]

José Martins Catharino afirma: "O texto legal anterior falava em qualquer ato de improbidade. Por isto, a improbidade, atualmente, deve ser entendida sem a mesma extensão. Os atos que constituem justa cau-

---

1. *Curso de Direito do Trabalho*, p. 358.
2. *Contrato de Trabalho*, p. 153, "apud" Mozart Víctor Russomano, *O Empregado e o Empregador no Direito Brasileiro*, p. 331.
3. *Justa Causa*, p. 55.

sa para despedida são aqueles vinculados à prestação dos serviços contratuais. Apesar dessa restrição, a improbidade conceituada amplamente abrangeria toda e qualquer falta, em virtude da boa-fé e da confiança".[4]

Délio Maranhão, por sua vez, diz que: "De modo que, em resumo, haverá improbidade em todo ato que ofenda aquelas normas de moral, que, em determinado meio e em determinado momento, a sociedade não tolera sejam violadas. É uma noção relativa, já que a moralidade varia no espaço e no tempo. Mais do que em qualquer outro caso, se aplica, na configuração da improbidade, a noção de "standard" jurídico, que é processo pelo qual se prescreve ao juiz que tome em consideração o tipo médio de conduta social correta, para a categoria de atos que se trata de julgar".[5]

Para Dorval de Lacerda, "o ato de improbidade é o crime contra o patrimônio".[6]

4.2 Conceito

A partir das posições doutrinárias apontadas acima, pode-se concluir que atos de improbidade são os de desonestidade, isto é, atos de má-fé, fraude, dolo, malícia etc.

Em regra, todas as justas causas elencadas na lei são atos de desonestidade, isto se tomarmos esta definição em sentido amplo.

Cumpre, pois, restringir este conceito, ou seja, delimitar quais os atos que caracterizam improbidade, num sentido estrito.

Quando se estuda a improbidade, duas correntes aparecem na doutrina: a subjetivista e a objetivista.

4.3 Corrente subjetivista

Os adeptos da corrente subjetivista dão mais valor à intenção do empregado, ou seja, qualquer atitude deste que revele sua intenção desonesta é suficiente para a caracterização da improbidade. Segundo esta corrente, a simples intenção do empregado fulmina a confiança que o empregador devotava ao mesmo.

---

4. Contrato de Emprego, p. 332.
5. Instituições de Direito do Trabalho, v. I/544.
6. A Falta Grave no Direito Brasileiro, p. 112.

4.4 Corrente objetivista

Para os adeptos desta corrente, somente o elemento intencional não é suficiente para caracterizar a improbidade: deve existir um dano efetivo ao patrimônio do empregador, ou de qualquer outra pessoa que seja vítima do ato do empregado.

Afirma Russomano que "o estudo subjetivo da improbidade, como tendência do espírito humano, escapa ao conhecimento do Direito, de modo que só lhe interessam os atos que revelam a improbidade e, através deles, a descoberta do ânimo declarado ou manifesto que teve o empregado de agir desonestamente, fraudulentamente, abusivamente ou com má-fé".[7]

4.5 Posição intermediária

Parece que a melhor solução está em se adotar uma posição intermediária.

A adoção do critério subjetivo poderia levar, na prática, ao cometimento de injustiças, pois o empregador estaria autorizado a aplicar a pena máxima, muitas vezes, amparado em meros indícios ou desconfianças infundadas.

Neste sentido é o seguinte julgado: "Improbidade — Prova. Indícios de prova não são suficientes para configurar a improbidade, ensejadora da despedida por justa causa" (TST, RR 3763189-0, ac. da 1ª. T. 1.125/90, 7.5.90, rel. Min. Afonso Celso, *LTr* 55-01/86).

De modo contrário, a adoção do critério objetivo deixaria o empregador de mãos atadas quando tivesse conhecimento de que seu empregado estaria para cometer um ato desonesto, e a não consumação deste ato por motivos alheios à vontade do empregado tiraria do empregador o direito de punir.

Para exemplificar, imagine-se uma situação em que certo comprador de uma empresa entabulasse compra de valor elevado na qual estaria incluída determinada quantia que seria destinada a ele de forma desonesta.[8] Suponha-se, ainda, que a empresa vendedora resolva cancelar a entrega, por problemas com matéria-prima. A venda não se realiza e,

---
7. *Comentários à Consolidação das Leis do Trabalho*, v. I/559.
8. São as chamadas comissões "por fora", onde o vendedor cobra mais caro do cliente, destinando uma parte desse excesso ao empregado-comprador.

conseqüentemente, o empregado-comprador não recebe sua "comissão". Parece clara a desonestidade do empregado.

Interessante acórdão vem ilustrar tal ponto de vista: "Improbidade. Para que se configure o ato de improbidade, basta que o patrimônio do empregador tenha sido colocado em risco, sendo desnecessário que efetivamente tenha aquele sofrido prejuízos" (TRT-9ª R., RO 953/87, rel. Juiz Fernando Ribas Amazonas de Almeida, *LTr* 52-9/1112).

Portanto, deve-se adotar critério híbrido na apreciação da falta, isto é, critério que mescle a teoria subjetivista com a objetivista, pois, do contrário, no exemplo do comprador, não se poderia despedir o empregado desonesto, pois o ato de improbidade não chegou a se consumar.

Wagner Giglio, quanto ao tema, chega a dizer: "É a desonestidade do empregado que precisa ser provada, para caracterizar a improbidade. Mas a intenção desonesta só se revela através de manifestações externas concretas. É a interpretação dessas que enseja a configuração da improbidade".[9]

E continua: "Daí a cautela que se deve imprimir ao exame da conduta do empregado, para verificação de uma alegada intenção desonesta. Se é verdade que não é necessário um efetivo prejuízo econômico, não menos verdade é que a improbidade do empregado deve ressaltar, como evidente, de seus atos, pois a mera intenção desonesta, não externada através de atos reais e palpáveis, no mundo físico, não é punível. Aliás, sequer seria possível saber o que se passa apenas na mente do empregado".[10]

4.6 A prova da improbidade

A improbidade, quando alegada em juízo como motivo da terminação do contrato de trabalho sem ônus para o empregador, deve ser clara e induvidosa, pois a acusação de desonesto é demasiado grave, sendo mácula na vida do empregado acusado (tanto na vida pessoal quanto na de trabalhador). Como bem lembra Wagner Giglio: "por vezes coloca (a acusação) em jogo a própria liberdade do acusado".[11]

Neste sentido são os seguintes julgados:

"Improbidade. A imputação de improbidade ao empregado para seu despedimento sumário é a mais grave das hipóteses contempladas pelo art. 482 consolidado. Como tal, deve ser provada de modo irrefu-

---

9. Ob. cit., p. 60.
10. Idem, ibidem.
11. Idem, p. 61.

tável, sob pena de sua imprestabilidade para este fim" (TRT-SP, RO 02860013495, Délvio Buffulin, ac. da 8ª T. 8.404/87).

"Justa causa — prova. A justa causa, como pena máxima, que autoriza a rescisão do contrato de trabalho sem ônus para o empregador, há de ser cumpridamente provada, de modo a deixar induvidoso o ato ilícito do empregado, de violação de alguma obrigação legal ou contratual. Em se tratando de improbidade, é a desonestidade que precisa ser provada, para ensejar a despedida por justa causa. Se a prova, no entanto, é frágil, com documentos particulares não ratificados em juízo, não há como acolher-se a imputação feita ao empregado" (TRT-10ª R., RO 53/86, Satyro e Souza, ac. da 1ª T. 53/87).

É recomendável, pois, extrema cautela quando se faz uma acusação de ato de improbidade.

4.7 Ato único

A improbidade configura-se pela prática de um único ato. Difere de outras justas causas que, para se caracterizarem, necessitam de reincidência. Justifica-se a despedida por um único ato de improbidade, uma vez o peso negativo de uma atitude desonesta.

De fato, seria absurdo exigir-se a reiteração de atos desonestos para justificar a despedida.

4.8 Local da prática da improbidade

Para caracterizar o ato de improbidade, pouco importa que seja praticado dentro ou fora do ambiente de trabalho, tendo ou não relação com o serviço.

A respeito do tema, sustenta Wagner Giglio que "o empregado, como qualquer outro ser humano, tem apenas uma personalidade, somente um caráter: quem é desonesto se revela pela prática de atos ilegais em qualquer setor de suas atividades, não se limitando a determinados setores".[12]

E concluiu: "Por essas razões a prática do empregado reveladora de sua desonestidade, mesmo ocorrendo fora do serviço, nas atividades particulares do trabalhador, sem qualquer conexão aparente com a vida empresarial, pode vir a caracterizar a justa causa em discussão. É mais um caso de interferência do empregador na vida privada do empregado".

---

12. Idem, p. 62.

4.9 Atos de improbidade contra terceiros

A justa causa caracteriza-se mesmo que o ato desonesto não diga respeito ao empregador, e sim a terceiros. Portanto, se um empregado, durante sua hora de almoço, passeando em "shopping center", entra em uma loja e furta um objeto, comete a falta em estudo.

Mesmo a condenação por furto praticado durante as férias, por ser um ato desonesto, caracteriza a justa causa, pois a lei não diz "ato de improbidade relacionado com o emprego", e sim "ato de improbidade".

Délio Maranhão mostra interessante julgado a respeito: "O ato de improbidade, por sua natureza, justifica a despedida do trabalhador mesmo quando praticado fora do serviço" (ac. de 13.5.71, TST, 1ª T., RR 13/71, rel. Min. Mozart V. Russomano)".[13]

4.10 Ação e omissão

A lei diz "ato", mas não se pode ater ao termo somente como ação. A omissão também caracteriza a justa causa.

É o caso, por exemplo, do agente de segurança, de loja de roupas que, sabedor de que algumas empregadas levam em suas bolsas roupas de propriedade do empregador, não as revista na saída, com o intuito de permitir o furto.

Ainda por omissão, é o caso do empregado que faltou num dia e viu no dia seguinte que seu cartão de ponto havia sendo batido no dia anterior e não comunica ao empregador a ocorrência havida. É o objeto do seguinte acórdão: "O empregado faltou ao serviço, mas teve seu ponto batido. Caso não tivesse culpa no evento que o beneficiou, deveria ter comunicado o fato à empresa ao invés de calar-se e usufruir da irregularidade. Assim procedendo, decaiu da confiança do empregador e ensejou o despedimento por justa causa" (TRT-2ª R., 5ª T., j. 18.7.83, RO 8.406, *LTr* 48-7/838).

4.11 Pequeno valor econômico

Para o Direito do Trabalho, pouco importa se os bens, digamos, furtados sejam de pequeno valor. A natureza da justa causa em estudo é a quebra da confiança, que constitui o elemento fundamental do contrato de trabalho.

Veja-se o seguinte acórdão: "Configura-se a justa causa autorizadora da dispensa se provado que o empregado apropriou-se indevida-

---

13. *Direito do Trabalho*, p. 229.

mente de mercadorias da empresa, sendo irrelevante o valor delas e ainda que se trate de gêneros alimentícios" (TRT-10ª R., RO 2.527/84, Libânio Cardoso, ac. da 2ª T. 2.417/85, *DJU* 18.11.85, p. 20.869).

Algumas vezes a jurisprudência tem entendido que o pequeno valor não enseja justa causa quando o empregado tem longos anos no emprego. É de se pensar, porém, se a honestidade pode ser aferida. Assim, um empregado, mesmo com longos anos de trabalho, sempre com reputação ilibada, que comete um ato de improbidade, ainda que de pequeno valor o bem: conclui-se que há a justa causa, pois o ato de improbidade destrói o elemento fiduciário inerente ao contrato de trabalho.

Neste sentido é o seguinte julgado do colendo TST: "Empregada pilhada com mercadorias retiradas da cozinha do patrão. — Falta grave caracterizada, pouco importando a insignificância do valor desviado e o tempo de serviço da empregada. — Errônea apreciação da prova inconteste. — Não se pode admitir furto famélico quando se trata de empregada percebendo salário mensal e reincidente. — Despropositada agressão às autoridades constituídas, na sentença, que se perdeu nas críticas ao sistema, deixando de apreciar aspectos essenciais do processo, prejudicando a reclamada" (TST, RR 3.968/83, Marcelo Pimentel, ac. da 2ª T. 2.649/84, *DJU* 16.11.84 p. 259).

4.12 *Improbidade e crime*

Na maioria dos casos de ocorrência prática, os atos de improbidade são revelados através de atos tipificados como crimes.

Os exemplos mais comuns são o furto,[14] o roubo,[15] a apropriação indébita,[16] o estelionato,[17] a receptação[18] e o dano.[19]

Tendo em vista o campo de estudo do presente livro restringir-se ao Direito do Trabalho, não nos aprofundaremos no estudo das figuras

---

14. CP, art. 155: "Subtrair, para si ou para outrem, coisa alheia móvel".
15. CP, art. 157: "Subtrair coisa móvel alheia, para si ou para outrem, mediante grave ameaça ou violência a pessoa, ou depois de havê-la, por qualquer meio, reduzido à impossibilidade de resistência".
16. CP, art. 168: "Apropriar-se de coisa alheia móvel, de que tem a posse ou detenção".
17. CP, art. 171: "Obter, para si ou para outrem, vantagem ilícita, em prejuízo alheio, induzindo ou mantendo alguém em erro, mediante artifício, ardil, ou qualquer outro meio fraudulento".
18. CP, art. 180: "Adquirir, receber ou ocultar, em proveito próprio ou alheio, coisa que sabe ser produto de crime, ou influir para que terceiro, de boa-fé, a adquira, receba ou oculte".
19. CP, art. 163: "Destruir, inutilizar ou deteriorar coisa alheia".

penais mencionadas. Cremos que a transcrição dos artigos do Código Penal nas notas é suficiente para a compreensão de cada uma daquelas figuras.

4.13 Improbidade e dolo

A improbidade só se caracteriza pelo dolo, isto é, a vontade consciente do empregado de cometer a desonestidade.

Portanto, exclui-se a culpa, mas pune-se a tentativa.[20] Quanto a esta, o exemplo é o do empregado que subtrai uma máquina do empregador, escondendo-a no forro do teto da empresa, para apanhá-la num outro dia. Se a máquina for descoberta por um empregado da manutenção, fazendo com que ela volte ao seu local, o ato de improbidade não se consumou; mas, vindo a ser descoberto o autor da tentativa, este poderá ser despedido por justa causa.

4.14 Coisas sem dono, abandonadas e perdidas (ou esquecidas)

Tratar-se-á, aqui, de interessantes hipóteses de grande ocorrência na vida prática.

Ao encontrar e apanhar a coisa sem dono ("res nullius") e as coisas abandonadas ("res derelicta"), o empregado não pratica ato de improbidade.

Todavia, constituirá ato de improbidade o apropriar-se de coisas perdidas ou esquecidas no ambiente de trabalho.

Pelo Código Civil,[21] quem ache coisas nessas hipóteses deverá entregá-las à autoridade policial.

O Código Penal[22] prevê como crime a apropriação de coisas perdidas ou esquecidas.

Na prática, os objetos perdidos ou esquecidos no ambiente de trabalho pertencem ao empregador ou a outros empregados, sendo fácil para quem encontrou tais objetos restituí-los ao seu dono.

Se o bem achado pertencer a terceiros estranhos à empresa, o empregado deverá proceder na forma da lei civil.

---

20. No cap. 13 faz-se um estudo da tentativa.
21. CC, art. 603: "Quem quer que ache coisa alheia perdida, há de restituí-la ao seu dono ou legítimo possuidor".
22. CP, art. 169, parágrafo único, II: "Quem acha coisa alheia perdida e dela se apropria, total ou parcialmente, deixando de restituí-la ao dono ou legítimo possuidor ou de entregá-la à autoridade competente, dentro do prazo de quinze dias".

INCONTINÊNCIA DE CONDUTA E MAU PROCEDIMENTO

5.1 Pontos divergentes. 5.2 Incontinência de conduta. 5.3 Mau procedimento. 5.4 Apreciação das faltas.

5.1 Pontos divergentes

Cumpre, inicialmente, trazer à baila dois pontos sobre os quais a doutrina diverge quando se analisa a alínea "b" do art. 482 da CLT.

Em primeiro lugar, convém abordar a discussão doutrinária sobre se existem diferenças nas duas expressões contidas na lei: "incontinência" e "mau procedimento".

Wagner Giglio afirma que a incontinência de conduta seria uma espécie do gênero mau procedimento.[1]

Já, Dorval de Lacerda afirma que incontinência de conduta deve ser entendida como mau procedimento do indivíduo que traduz uma vida irregular e bastante para, por isso, fazer-lhe perder a respeitabilidade e, sobretudo, sendo empregado, a confiança, como elemento imprescindível do contrato de trabalho.[2] O mau procedimento, segundo Lacerda, seria a atitude do empregado que revela, não, como a incontinência, a vida desregrada, mas a existência de ato ou atos contrários ao bom viver, à discrição pessoal, ao comportamento correto, ao respeito, à paz e ao decoro da comunidade.[3]

Amauri Mascaro Nascimento afirma ser a incontinência de conduta traduzida pelo comportamento irregular do empregado, incompatível com a moral sexual. E afirma ser mau procedimento o comportamento irregular do empregado incompatível com as normas exigidas pelo senso comum do homem médio.[4]

---

1. *Justa Causa*, p. 79.
2. *A Falta Grave no Direito do Trabalho*, p. 96.
3. Idem, ibidem.
4. *Iniciação ao Direito do Trabalho*, pp. 196 e 197.

Messias Pereira Donato assevera que no mau procedimento a noção é mais ampla da conduta reprovável do empregado, comparada com a idéia de incontinência de conduta. A conduta reprovável, aqui, é de ser tida num plano mais genérico.[5]

Expostas as posições doutrinárias, é mister analisá-las.

Não parece razoável que a lei use duas expressões para identificar as mesmas faltas, e, ainda, usando de uma única alínea. Portanto, o argumento de que incontinência de conduta seria uma espécie de mau procedimento não pode prosperar. Não seria lógica a menção de duas faltas quando uma, por ser mais abrangente, já contivesse outra.

Daí a opinião de que incontinência de conduta e mau procedimento são faltas distintas, não obstante guardarem semelhanças. Aliás, por terem semelhanças é que ambas estão na mesma alínea do art. 482 da CLT.

O segundo aspecto que merece abordagem preliminar, tendo em vista a não-uniformidade doutrinária, é se mau procedimento consistiria em "vala comum" das faltas graves.

É claro que toda atitude desleal do empregado constitui-se num mau procedimento. Se, como foi visto, o Direito do Trabalho se espelhou no Direito Penal no tratamento das justas causas, isto é, traz a lei uma enumeração taxativa, não haveria razão para o elenco do art. 482. Bastaria a lei trazer o mau procedimento, que qualquer ato faltoso grave do empregado estaria ali encaixado.

Imagine-se um empregado que durante a jornada de trabalho tenha o hábito de pronunciar palavrões. Com certeza, tal atitude não é correta. Em geral, os clientes do empregador não se sentiriam bem, ou não teriam uma boa impressão daquela empresa.

É certo que a atitude acima constitui justa causa. Seria essa falta improbidade, negociação habitual, condenação criminal, embriaguez, violação de segredo, abandono de emprego, ato lesivo da honra e boa fama, ofensas físicas, ou práticas de jogos de azar?[6]

Da relação supra ficaram de fora a indisciplina e a insubordinação, pois, à primeira vista, a atitude exemplificada pode parecer constituir-se nestas previsões da lei.

Não parece que a atitude descrita seja indisciplina. Esta, como será visto no cap. 11, revela-se no descumprimento, pelo empregado, de nor-

---
5. *Curso de Direito do Trabalho*, p. 359.
6. Relação extraída do art. 482 da CLT.

mas ditadas pelo empregador, normas, estas, de caráter geral, autorizadas pelo poder regulamentar que lhe é conferido.

Se a empresa não externa sua contrariedade com o uso de palavrões no ambiente de trabalho, não se poderia encaixar a atitude do empregado neste ato faltoso.

Seria, então, o referido ato, insubordinação?

Também não, pois a insubordinação revela-se pelo descumprimento pelo empregado de ordem expressa e direta dada pelo empregador ou pelo superior hierárquico.

Logo, não se enquadrando em nenhuma das alíneas mencionadas do art. 482, não poderia o empregador dispensar o empregado por justa causa.

Neste ponto desponta o real valor do item "mau procedimento", ou seja, serve para encaixar as faltas graves não previstas nas demais previsões da lei.

A atitude grosseira do empregado poderia não ter a permissão de punição se não trouxesse a lei aquela justa causa. Além do mais, se não existisse uma justa causa mais ampla, o empregador ficaria realmente sem poder dispensar o empregado. E, do contrário, já que a previsão do art. 482, como visto, é taxativa, poder-se-ia ter um artigo com redação longa, posto que deveria prever todas as situações que ensejassem uma falta grave por parte do empregado, até mesmo o uso de palavrões durante a jornada de trabalho.

Portanto, mau procedimento não se constitui em vala comum das justas causas, e sim numa justa causa específica, sobre a qual é preciso definir e identificar os atos que a caracterizam.

5.2 Incontinência de conduta

Seguindo a ordem da lei, analisar-se-á, inicialmente, a incontinência de conduta.

A doutrina e a jurisprudência têm entendido que a incontinência de conduta é traduzida pelo comportamento desregrado do empregado, do ponto de vista sexual.

Em regra, o empregado só está sujeito ao empregador durante o serviço, isto é, durante a jornada de trabalho. Fora deste período, tem o empregado liberdade para agir como quiser. Porém, o estudo da incontinência de conduta mostra que, algumas vezes, a conduta do empregado fora do ambiente de trabalho, e nas horas de folga, pode constituir justa causa.

Em verdade, a incontinência de conduta pode revelar-se pela conduta desregrada do empregado tanto dentro quanto fora do ambiente de trabalho.

É preciso, portanto, ver quando e como um ato incompatível com a moral sexual, praticado fora do ambiente de trabalho, pode constituir motivo justo para a dispensa do empregado.

O exemplo clássico na doutrina é a comparação entre um trabalhador rude (pedreiro, servente etc.) e um professor. Se o primeiro, após uma semana de trabalho, tem como hábito divertir-se em bordéis no sábado à noite, em nada esta atitude comprometerá sua atividade profissional. Voltará este empregado na segunda-feira ao serviço e, certamente, irá comentar com colegas suas "façanhas" de sábado à noite. Já, com o professor, a mesma atitude consistirá em falta grave, pois sua atividade profissional requer seriedade e conduta ilibada. Atitude como essa incompatibiliza o professor com os alunos, com os outros professores e até com o próprio estabelecimento de ensino, sendo certo que ao trabalhador braçal nenhuma incompatibilidade é criada.

Parece claro que as regras são criadas pela sociedade. Aos olhos desta, um professor deve dar exemplo, não só de estudioso, mas também de comportamento ilibado. Deve servir de modelo, pautando sua vida com um comportamento digno e exemplar.

Já, quanto aos trabalhadores braçais, a sociedade outorga maior liberdade de comportamento.

Veja-se, a respeito, este acórdão: "O homem, como largamente propalado, é produto do meio social em que vive. Ao rude e inculto não se podem exigir atitudes polidas e refinadas. As suas incontinências verbais e seus hábitos etílicos, sempre tolerados, impedem sejam alçados a motivo justo para dispensa, nem recomendam sejam revidados com agressões físicas, porque a autoridade disciplinar não outorga esse direito, já que detém meios regulares para corrigir o desvio" (TRT-3ª R., 2ª T., ac. un. no proc. RO 2.965/80, rel. Juiz Fernando Pessoa Júnior).

Interessante mencionar um caso que foi citado em sala de aula por uma aluna: determinado empregado de um banco foi a uma boate e lá presenciou "show" de travestis. Para sua surpresa, um dos participantes do referido show era o gerente do banco em que trabalhava. O empregado comunicou aos superiores o fato e a empresa despediu o gerente-travesti, pela prática de incontinência de conduta. Parece que a atitude patronal foi correta. Pode-se imaginar o que ocorreria nesse banco após o conhecimento do fato por todos os empregados: certamente, ou pelo menos com grande probabilidade, as brincadeiras com o tal gerente começariam, e daí até perder ele o respeito dentro da empresa não demoraria muito.

Analise-se, agora, a prática da incontinência de conduta dentro do ambiente de trabalho.

Ocorre, de início, exemplo tirado da atividade do autor como advogado: mantinha uma empresa de vigilância dois agentes num posto de serviço, sendo um homem e uma mulher. Durante a noite, tinha o homem de manter vigilância na guarita da entrada de um prédio, ao passo que a mulher[7] deveria fazer ronda interna. Certa madrugada, foram apanhados em flagrante mantendo relações sexuais na guarita. Esta atitude constitui a falta grave ora estudada. Não obstante tratar-se de pessoas sem maiores qualificações profissionais, a prática de ato sexual durante a jornada de trabalho constitui justa causa.

Portanto, a prática no ambiente de trabalho de atos de libidinagem, erotismo, masturbação e até da conjunção carnal caracteriza a incontinência de conduta.

5.3 Mau procedimento

Vem a propósito, aqui, mais uma vez, a lição de Amauri Mascaro Nascimento: "O mau procedimento é o comportamento irregular do empregado, incompatível com as normas exigidas pelo senso comum do homem médio".[8]

Como se viu, o Direito brasileiro, ao tratar a justa causa, dá-lhe caráter de enumeração taxativa, e não exemplificativa.

Logo, como visto acima, o legislador capitulou mau procedimento como forma de encaixar algumas faltas que não obtivessem encaixe nas demais alíneas do art. 482.

São exemplos de mau procedimento: o uso de linguagem de baixo calão no ambiente de trabalho,[9] brincadeiras que extrapolem o limite que deve existir na convivência humana, mexericos etc.

---

7. Interessante citar que as mulheres recebem o nome de "guardetes" nesse meio. Esse termo não existe no vocabulário brasileiro. Sequer Aurélio Buarque de Holanda o traz em seu *Novo Dicionário da Língua Portuguesa*.
8. *Curso de Direito do Trabalho*, p. 425.
9. Desde que esse ambiente não comporte tais palavras, como um consultório médico, por exemplo. Já, o uso desse linguajar numa obra de construção civil poderá não constituir mau procedimento.

Está claro que as atitudes acima criam, num primeiro instante, um ambiente ruim e, via de conseqüência, afetam a produção.

5.4 Apreciação das faltas

Algumas faltas graves, quando praticadas uma única vez, já caracterizam justa causa.

Com as faltas graves aqui estudadas não é diferente. Um único ato de incontinência de conduta ou de mau procedimento poderá caracterizar a justa causa.

Wagner Giglio afirma que, na apreciação das faltas, "deve-se levar em consideração, em cada caso, a conduta normal que a sociedade espera (e por isso é exigida) do empregado, nas condições intelectuais, funcionais, de ambiente, local e época em que se situa".[10]

O exame do caso concreto deverá levar a concluir se um ato de incontinência ou de mau procedimento pode merecer a aplicação da pena máxima pelo empregador.

Uma brincadeira sem muita maldade poderá ensejar a despedida do empregado por mau procedimento.

O autor tomou conhecimento, certa feita, de um caso em que foi escondido o sapato de um empregado. Este empregado saiu pela empresa à procura de seu sapato, possuído de imensa raiva, chegando à recepção da empresa, onde naquele instante entrava o diretor-presidente, com alguns clientes. Neste momento, o empregado — que havia sido admitido há poucos dias — disse ao diretor-presidente que aquela não era uma empresa séria, pois haviam escondido um de seus sapatos.

Não é difícil imaginar o constrangimento do presidente da empresa diante dos clientes. Momentos depois, o presidente determinou ao chefe do departamento em que trabalhava o empregado que descobrisse o autor da brincadeira. Após a descoberta, este foi despedido por justa causa.

Assim, fica claro que, na apreciação da falta consistente em mau procedimento, o aplicador da lei não poderá se ater à multiplicidade de atos. Há que se levar em conta a gravidade do ato praticado.

Quanto à incontinência de conduta, as circunstâncias do ato praticado é que determinarão se uma única falta ensejará a despedida motivada.

---

10. Ob. cit., p. 88.

Veja-se o seguinte julgado: "Incontinência — Despedida. A incontinência de conduta deve ficar devidamente comprovada, caracterizando-se pela repetida prática de excessos morais. Como tal não se há de considerar quem, após dezesseis anos de serviço sem a mais leve punição, teria empregado expressões chulas em transmissão via "telex". O fato isolado noticiado nos autos não incompatibiliza o servidor com a prestação do serviço" (TRF, RO 9.166-BA, Costa Lima).

O acórdão supra só reforça a tese expendida, pois o fato ali descrito não é dos mais graves, para ensejar a despedida do empregado.

Imagine-se a hipótese de um cliente, que indo ao "toilette" da empresa, lá se depara com dois "office-boys" em atos de libidinagem. Mesmo sendo esta a primeira vez que ocorra tal fato, a imagem da empresa ficaria abalada com a continuidade do trabalho daqueles empregados, podendo ocorrer que o cliente que viu o ato deixe de comprar daquela empresa. Neste caso, esta única falta ensejará a despedida por justa causa.

6

NEGOCIAÇÃO HABITUAL

6.1 Delimitação da matéria. 6.2 O vocábulo negociação. 6.3 Negociação habitual por conta própria. 6.4 Negociação habitual por conta alheia. 6.5 Negociação concorrente.

6.1 Delimitação da matéria

Diz a alínea "c" do art. 482 da CLT: "Negociação habitual, por conta própria ou alheia, sem permissão do empregador, e quando constituir ato de concorrência à empresa para a qual trabalha o empregado, ou for prejudicial ao serviço".

Para a caracterização desta falta grave, o empregado deverá ter praticado algum dos fatos mencionados na lei: a) negociação habitual por conta própria prejudicial ao serviço; b) negociação habitual por conta alheia prejudicial ao serviço; c) negociação concorrente.

Poderá ocorrer, de qualquer forma, que o ato negocial de um empregado encaixe-se em mais de uma das figuras elencadas.

Mais adiante, quando se tratar de cada hipótese da lei, ficará mais claro o entendimento.

6.2 O vocábulo negociação

Negociação vem do latim "negotiatione", ou seja, ato ou efeito de negociar; fazer negócios; exercer o comércio; comerciar. Engloba, pois, os atos de comércio, a prática da mercancia.

O Direito Comercial ensina que é comerciante todo aquele que faz da mercancia profissão habitual.

Entende-se, hoje em dia, o termo "negociação", que é ligado à prática de atos de comércio, como também aplicável à indústria, aos transportes, às atividades rurais, enfim, a qualquer atividade, e não somente aos atos de comércio.

Com esta aplicação mais ampla, nota-se que o intuito da lei é cobrir qualquer atividade do empregado que prejudique o serviço, ou que consista em concorrência ao empregador.

Dorval de Lacerda,[1] Wagner Giglio[2] e Antônio Lamarca[3] também são da mesma opinião.

Ocorrendo negociação que não importe prejuízo e nem concorrência a este, a falta grave não existirá, pois o que quer a lei coibir é o trabalho concorrente e o que cause sérios prejuízos ao empregador.

Logo, é permitido ao empregado ter mais de um emprego, ou mesmo exercer, nas horas de folga de um dado emprego, uma atividade por conta própria, o que é até normal hoje em dia, quando os baixos salários obrigam o empregado a buscar outras fontes de rendimentos. Essas atividades, desde que não concorram com a do empregador, nem importem prejuízo ao serviço, não constituem justa causa.

6.3 Negociação habitual por conta própria

A negociação habitual, como regra, ocorre fora do ambiente de trabalho e, ainda, é mais freqüente nos horários em que o empregado não está trabalhando para o empregador.

De qualquer forma, pode a negociação se dar no horário de trabalho. Esta hipótese ocorre quando o empregado, durante a jornada, utiliza materiais do empregador, tais como papéis, lápis, grampeadores e, até, usa o telefone do empregador para a solução de problemas de seu negócio.

Ocorre ainda a negociação habitual quando o empregado pratica vendas no ambiente de trabalho. É comum nas empresas haver empregados que comercializam jóias, bijuterias, doces, sapatos etc. A bem da verdade, estas práticas são de conhecimento do empregador e por ele autorizadas.

Mas imagine-se que o empregador não tenha conhecimento dessas atividades. Sendo habituais, elas se constituirão na justa causa ora examinada. Reafirmando: desde que sejam habituais.

A prática, umas poucas vezes, de vendas dentro da empresa não constitui justa causa. Poderá ser um mau procedimento ou indisciplina.[4]

1. *A Falta Grave no Direito do Trabalho*, p. 179
2. *Justa Causa*, p. 96.
3. *Manual das Justas Causas*, p. 396.
4. A indisciplina será estudada no cap. 11. Mas, para melhor compreensão, adianta-se que esta se dá quando o empregado não cumpre ordens gerais do empregador. Se, por exemplo, o empregador proíbe a prática de vendas pelos empregados dentro de sua empresa, e esta regra consta de regulamento interno, sua inobservância constitui-se em indisciplina.

Dá-se a negociação por conta própria quando o empregado assume os riscos da atividade, isto é, quando o empregado, no exemplo acima (vendas de jóias etc.), compra as mercadorias e as revende. É o exemplo, também, do empregado que mantém um bar, uma lanchonete ou se dedica à compra e venda de veículos.

Nestes casos, tais atividades são exercidas fora do local de trabalho e, comumente, durante as folgas.

Não sendo a empresa do mesmo ramo de atividade do empregado (por exemplo, seja a empresa do ramo bancário), tais atividades só constituirão justa causa se forem prejudiciais ao serviço.

E como poderia ser prejudicial ao serviço de um bancário o trabalho num bar após a jornada de labor?

O prejuízo pode se dar de diversas formas: pode ocorrer de o empregado chegar atrasado constantemente, não ter a devida atenção no seu serviço, por estar cansado ou sonolento, e, ainda, usar as horas em que está na empresa da qual é empregado para fazer contas de seu negócio, usar o telefone do empregador para compras junto a fornecedores, ou até mesmo fazer propagandas de seu bar aos clientes do banco.

6.4 Negociação habitual por conta alheia

Não é mister nos determos muito neste ponto, pois tudo o que foi explanado no item anterior vale agora. A única diferença é que, na atividade por conta alheia, o empregado não assume os riscos do negócio. O caso mais comum é o do empregado que faz "bico" de corretor de imóveis, ou vendas de perfumes, roupas, auferindo comissões por essas vendas.

6.5 Negociação concorrente

Tem o empregado o dever de ser leal ao seu empregador.

Uma forma de demonstrar deslealdade se dá quando o empregado explora o mesmo ramo de atividade de seu empregador em benefício próprio ou de outrem.

Tal situação ocorre, em regra, fora da empresa, mas poderá ocorrer nesta e durante a jornada de trabalho.

Exemplo típico é do empregado de oficina mecânica que desvia para si clientes de seu empregador, fazendo consertos em veículos depois do expediente em sua residência, ou em oficina na qual é dono ou mantém sociedade com outra pessoa.

Há também o exemplo do advogado recém-formado que trabalha em um grande escritório, que cobra honorários elevados. Percebendo o referido advogado que os clientes se assustam com o valor dos honorários, desvia a clientela para si, atendendo à noite em sua própria residência, ou em pequeno escritório montado com alguns colegas de turma.

Na apreciação desta falta não há que se exigir, para sua configuração, que seja habitual, como se viu nos itens anteriores.

Quando a negociação é concorrente, praticada uma única vez, já autoriza a despedida justa, pois está claro que o elemento fiduciário está rompido.

7

CONDENAÇÃO CRIMINAL

7.1 Aspectos gerais. 7.2 Suspensão da execução da pena. 7.3 Dos efeitos da anistia, da graça e do indulto.

7.1 Aspectos gerais

Esta justa causa consiste na possibilidade de o empregador dispensar sem ônus o empregado que venha a ser condenado por sentença criminal passada em julgado e sem suspensão da pena.

Não se trata de falta contratual, uma vez que não é necessário que os fatos que determinaram a condenação criminal tenha relação com o serviço. Logo, um bom empregado, que executa suas tarefas sem desleixo, que é assíduo, não é indisciplinado, é educado e cortês no ambiente de trabalho, se vier a cometer um delito e for condenado sem ter sido a pena suspensa, poderá ser dispensado sem qualquer indenização.

O que justifica a inclusão dessa figura no rol das justas causas é o fato de o empregado preso não poder cumprir sua parte no contrato de trabalho, isto é, trabalhar.

Não há, por parte do empregado, culpa ou dolo quando o mesmo é privado de sua liberdade. O que justifica essa justa causa é que o contrato de trabalho é de trato sucessivo e de débito permanente. Sendo o empregado condenado e preso, surge a impossibilidade da prestação do serviço.

As penas a que está sujeito um criminoso estão divididas, segundo o Código Penal, art. 32, em: "I — privativas de liberdade; II — restritivas de direitos e III — de multa".

"Pena é a imposição da perda ou diminuição de um bem jurídico, prevista em lei e aplicada, pelo órgão judiciário, a quem praticou ilícito penal. Ela tem finalidade retributiva e preventiva. Retributiva, pois impõe um mal (privação de um bem judiciário) ao violador da norma penal. E preventiva, porque visa a evitar a prática de crimes, seja intimidando a todos, em geral, com o exemplo de sua aplicação, seja, em especial, privando da liberdade o autor do crime e obstando a que ele volte a delinqüir."[1]

As penas que interessam no presente livro são as privativas de liberdade e as de interdição de direitos.

Segundo o art. 33 do CP,[2] as penas privativas de liberdade são as de reclusão e as de detenção.

A Lei das Contravenções Penais prevê como privativa de liberdade a prisão simples.[3]

Mas não são somente as condenações a penas privativas de liberdade que caracterizam a justa causa. Com o advento da Lei 7.209, de 11.7.84, que alterou a Parte Geral do Código Penal, esta introduziu como pena a interdição temporária de direitos.[4]

As penas de interdição temporária de direitos fazem parte das penas restritivas de direitos, inovação de nossa lei penal.[5] Segundo a própria lei,[6] as penas restritivas de direitos são autônomas e substituem as privativas de liberdade.

Portanto, na apreciação de um caso concreto, o que é preciso ver, inicialmente, é se a condenação impossibilita o empregado de prestar

1. Celso Delmanto, *Código Penal Comentado*, p. 60.
2. CP, art. 33: "A pena de reclusão deve ser cumprida em regime fechado, semiaberto ou aberto. A de detenção em regime semi-aberto ou aberto, salvo necessidade de transferência a regime fechado".
3. LCP, art. 6º: "A pena de prisão simples deve ser cumprida, sem rigor penitenciário, em estabelecimento especial ou seção especial de prisão comum, em regime semiaberto ou aberto".
4. CP, art. 47: "As penas de interdição temporária de direitos são: I — proibição do exercício de cargo, função ou atividade pública, bem como de mandato eletivo; II — proibição do exercício de profissão, atividade ou ofício que dependam de habilitação especial, de licença ou autorização do Poder Público; III — suspensão de autorização ou de habilitação para dirigir veículo".
5. CP, art. 45: "A pena restritiva de direitos converte-se em privativa de liberdade, pelo tempo da pena aplicada, quando: I — sobrevier condenação, por outro crime, a pena privativa de liberdade cuja execução não tenha sido suspensa; II — ocorrer o descumprimento injustificado da restrição imposta".
6. CP, art. 44: "As penas restritivas de direitos são autônomas e substituem as privativas de liberdade, quando: I — aplicada pena privativa de liberdade inferior a um ano ou se o crime for culposo; II — o réu não for reincidente; III — a culpabilidade, os antecedentes, a conduta social e a personalidade do condenado, bem como os motivos e as circunstâncias indicarem que essa substituição seja suficiente.
"Parágrafo único. Nos crimes culposos, a pena privativa de liberdade aplicada, igual ou superior a um ano, pode ser substituída por uma pena restritiva de direitos e multa ou por duas penas restritivas de direitos, exeqüíveis simultaneamente."

serviço. Se este empregado é condenado a pena privativa de liberdade, ficando impossibilitado de trabalhar, extingue-se o contrato por justa causa.

Da mesma forma, se o empregado for condenado a pena de interdição temporária de direitos, consistindo esta na proibição do exercício da profissão, como, por exemplo, proibição de advogar, de exercer a Medicina, a Contabilidade, ou se for proibido de dirigir veículos (neste caso, um motorista profissional), extingue-se o contrato de trabalho, sem ônus para o empregador.

7.2 Suspensão da execução da pena

Além de ter sido condenado por sentença criminal transitada em julgado, seja ao cumprimento da pena privativa de liberdade ou restritiva de direitos, o empregado só poderá ser dispensado por justa causa se não obtiver a suspensão da execução da pena.

A suspensão condicional da pena é aplicada somente às penas privativas da liberdade não superiores a dois anos, e poderá a suspensão durar de dois a quatro anos.

São condições para a obtenção do benefício que: I — o condenado não seja reincidente em crime doloso; II — a culpabilidade, os antecedentes, a conduta social e personalidade do agente, bem como os motivos e as circunstâncias autorizem a concessão do benefício; III — não seja indicada ou cabível a substituição prevista no art. 44 do CP.[7]

A suspensão da execução da pena é direito subjetivo do sentenciado, não podendo o juiz negar sua concessão ao réu uma vez preenchidos os requisitos legais.

No caso de condenação por contravenção penal, a suspensão poderá ser concedida por um a três anos.

7.3 Dos efeitos da anistia, da graça e do indulto

A anistia é o esquecimento de certas infrações penais. Exclui o crime e faz desaparecer suas conseqüências penais.

A graça é indulgência do Estado, em regra individual e solicitada; o indulto é indulgência coletiva e espontânea.

7. V. nota anterior.

Tanto a graça quanto o indulto apenas extinguem a punibilidade, mas persistem os efeitos do crime.

A anistia pode ser concedida antes da sentença e até depois da condenação transitada em julgado.

A graça e o indulto só podem ser concedidos após o trânsito em julgado da condenação.

Segundo Basileu Garcia, "os efeitos da anistia são mais dilatados e profundos que os da graça e do indulto. Exatamente porque o seu escopo é a pacificação dos espíritos, tem o condão de, "ex vi legis", ocasionar o esquecimento absoluto do delito praticado. Anistia quer dizer, etimologicamente, esquecimento. Para todos os fins legais, passa-se uma esponja sobre o caso criminal. A frase não é apenas uma figura de retórica. Se, posteriormente, o indivíduo vier a cometer outra infração à lei penal, não será considerado reincidente, por influência da infração anistiada. E esta não poderá ser invocada para se lhe recusar a suspensão condicional da pena. Tal não acontece com a graça e o indulto".[8]

Portanto, para efeitos trabalhistas, o que interessa é se o empregado beneficiado com anistia, graça ou indulto esteve impedido de trabalhar. Em caso afirmativo, ocorre a justa causa.

---

8. *Instituições de Direito Penal*, v. I, t. II/755.

8
DESÍDIA

8.1 Conceito. 8.2 Caracterização. 8.3 Considerações sobre a desídia dolosa. 8.4 Desídia culposa.

8.1 Conceito

O empregado tem, por força do contrato de trabalho, direitos e deveres. Importa, aqui, estudar os deveres do empregado, ou, melhor, apenas um dever: o de diligência.

Segundo Dorval de Lacerda, "de todos os deveres do empregado, o de diligência é o mais importante, porque representa o perfeito cumprimento do contrato, ou seja, a prestação fiel do trabalho, tal como pactuaram os contratantes".[1] E Cotrin Neto afirma que "tal dever é a atenção, o zelo, o interesse, o empenho, com que se dedicará ao exercício dos misteres que lhe sejam atribuídos".[2]

Cesarino Jr. afirma ser a desídia "o relaxamento, o descuido na execução dos serviços, faltas ao serviço, impontualidade".[3]

Messias Pereira Donato leciona que a "desídia se dá no descaso, na incúria, na falta de zelo no exercício das tarefas, reveladores de negligência e imprudência. Pressupõe culpa do empregado".[4]

Desídia, portanto, quer dizer desleixo, preguiça, descuido, desinteresse, desatenção, má vontade, relaxamento. Traduz-se também pela negligência e pela imprudência, que são dois elementos caraterizadores da culpa.

Cumpre ressaltar que a imperícia do empregado no exercício de suas funções não constitui desídia, como se verá adiante.

---
1. *A Falta grave no Direito do trabalho*, p. 137.
2. In *Contrato e Relação de Emprego*, "apud" Dorval de Lacerda, ob. cit., p. 127.
3. *Direito Social*, p. 315.
4. *Curso de Direito do Trabalho*, p. 361.

8.2 Caracterização

A desídia pode-se caracterizar através de atos praticados pelo empregado de forma dolosa, isto é, de forma intencional, como também através de atos meramente culposos.

O empregado que, no exercício de suas funções, é propositalmente desatento ou desleixado, tendo consciência de que seu ato é danoso, comete desídia intencional, isto é, age com dolo.

Veja-se o seguinte acórdão: "Rescisão do contrato de trabalho — Pedido de dispensa recusado — Desídia funcional. É justa a dispensa do empregado que pede ao empregador para ser dispensado e, não sendo aceito o pedido, torna-se desidioso na realização dos deveres funcionais" (TRT-8ª R., ac. un. de 29.3.89, RO 1.530/88, rel. Juiz Vicente da Fonseca).

Neste caso, o empregado, não tendo sido satisfeito em sua pretensão, começou a ser desleixado no exercício de suas funções, com nítido propósito de conseguir ser despedido. Aliás, este procedimento, ou seja, de descuido ou desinteresse dos empregados que desejam ser dispensados, é muito comum na vida prática. Acreditam os empregados que suas atitudes de desatenção e desprezo pelo serviço vão fazer o empregador dispensá-los.

Os atos culposos manifestam-se através do descuido, da desatenção e, também, pela imprudência e pela negligência.

São exemplos de atos culposos: a fabricação de peças com defeito, o vigia que dorme durante o serviço ou que, por preguiça, não percebe a ação de meliantes no local "vigiado".

Atente-se aos seguintes acórdãos:

"Almoxarife. O empregado ordinariamente não tem o dever de delatar seus colegas de serviço, mas, se a sua função na empresa é justamente a de controlar movimentos do patrimônio e conferir a exatidão de seus registros, incumbe-lhe a comunicação de inexatidões e irregularidades, sob pena de infidelidade no exercício mesmo desse cargo, quando as irregularidades praticadas por outrem e de seu conhecimento apresentam gravidade inequívoca" (ac. do TRT-8ª R., proc. RO 619/81, rel. Juiz Roberto de Oliveira Santos, proferido em 22.7.81).

"Empregado apanhado dormindo durante a jornada de trabalho comete justa causa para dispensa" (ac. do TRT-8ª R., proc. RO 24/81, rel. Juiz Pedro Thaumaturgo Soriano de Mello, proferido em 25.2.81).

"O reclamante não recolheu, como manda o regulamento, o dinheiro cobrado nas passagens ao cofre no término das viagens, com isto ocasionando que, ocorrendo um assalto ao ônibus, foi total a perda da empresa. Recurso da empresa provido. A omissão do funcionário tinha por escusa que, se o assaltante não encontrasse dinheiro com o cobrador, este sofreria injúrias físicas ou até morte, não sendo justo arcar o empregado com tal risco; mas, no caso, semelhante risco é inerente à função, cuja aceitação, exercício e sua continuação, é de livre vontade do aspirante ao emprego" (ac. do TRT-1ª R., 4ª T. proc. RO 5.582/80, rel. Juiz Moacyr Ferreira da Silva, proferido em 19.10.81).

8.3 Considerações sobre a desídia dolosa

Wagner Giglio afirma que "o dolo do trabalhador, isto é, a intenção definida de prejudicar a empresa, o desejo de causar-lhe dano, deliberadamente, exclui a desídia".[5]

E o referido autor, citando Mozart Victor Russomano, assevera que, " quando a desídia é intencional, como na sabotagem, onde há a idéia preconcebida de causar prejuízos ao empregador, por esse seu aspecto doloso ela se identifica com a improbidade".[6]

E, para reforçar ainda mais sua tese, cita Délio Maranhão, que afirma: "desídia é negligência e esta é, sempre, culposa...".[7]

O exemplo típico de desídia culposa ocorre quando o empregado chega atrasado constantemente, e falta injustificadamente:

"Rescisão do contrato de trabalho — Faltas ao serviço — Desídia configurada. Demonstrado que à sucessão de faltas leves, com respectivas punições, somou-se uma última falta ainda não penalizada, que veio a ser apurada durante a sindicância pela corporação militar empregadora, inocorre "bis in idem" com a demissão do reclamante por desídia. Recurso provido em parte, para excluir da condenação as verbas que se tornam indevidas pela configuração da justa causa" (TRT-1ª R., ac. un. 2ª da 1ª T. publ. em 28.5.90, RO 90.01.00694-9-MG, rel. Juiz Aldair Passarinho).

"A desídia, como falta disciplinar rescisiva não exige, para sua configuração, a prévia punição ou a seqüência de punição hierarquizadas pelo seu rigor. O excessivo número de ausências ao serviço confi-

5. *Justa causa*, p. 131.
6. Idem, ibidem.
7. Idem, ibidem.

gura, por si, a desídia, enquadrável no art. 482 da CLT. Revista provida pela improcedência da reclamação" (ac. da 1ª T. do TST, de 16.3.83, no proc. 3.407/81, rel. Min. Ildélio Martins).

"Ausências injustificadas, seguidas de suspensões, constituem elementos configuradores da desídia, autorizando a rescisão, com justa causa" (ac. da 2ª T. do TRT-1ª R., de 24.4.79, no proc. 6.593/78, rel. Juiz Celso Lanna).

"Quando o empregado manifesta desinteresse no cumprimento das tarefas a seu cargo, falta seguidamente ao trabalho, danifica matéria-prima do estabelecimento empregador, contribuindo, assim, para menor produtividade deste, tem-se como configurada a falta grave de desídia" (ac. do TRT-7ª R., de 1.12.81, no proc. RO 613/81, rel. Juiz Cícero Ferraz).

Com estes julgados, vê-se que os ilustres Mestres não estão com toda a razão.

Giglio, acompanhando por Messias P. Donato, entende que as faltas ao serviço não constituem desídia, e sim indisciplina.

Afirma Wagner Giglio que, segundo a lei, a desídia ocorre no desempenho das respectivas funções (pelo empregado).[8]

E continua o autor:

"O termo está a indicar, restringindo o conceito de desídia, que esta só pode ser considerada quando decorre do efetivo exercício do trabalho.

"Só se poderá falar em desídia, portanto, quando o empregado está executando a atividade avençada, isto é, desempenhando mister, seu cargo ou função."[9]

No entanto, pela jurisprudência acima citada, os atrasos e as faltas injustificadas constantes do empregado constituem desídia.

Aliás, nada mais caracterizador da falta de diligência do empregado do que não cumprir integralmente a jornada de trabalho ou sua duração semanal. É uma forma de desempenho desleixado, pois o empregado subtrai horas ou dias que deveriam ser dedicados ao trabalho.

Pode ocorrer — e, de fato, é o que ocorre freqüentes vezes — que o empregado tome as atitudes acima descritas com intuito de forçar o empregador a despedi-lo. É atitude dolosa.

8. Ob. cit., p. 128.
9. Idem, ibidem.

Logo, não é improbidade, nem indisciplina. É desídia; e desídia dolosa.

Antônio Lamarca sustenta também que a desídia é somente culposa.[10] Afirma este autor que, se o empregado agir com dolo, cometerá ato de improbidade ou mau procedimento.

É difícil concordar-se com este entendimento.

O empregado que chega atrasado sistematicamente (por exemplo, para forçar sua dispensa) é desidioso. Não se trata de mau procedimento, tendo em vista toda a explanação feita quanto a esta figura faltosa no cap. 5.

Ora, se a desídia é desinteresse, indiferença e má vontade, estas atitudes podem muito bem ser praticadas de forma dolosa. É o caso de empregado que propositalmente não lê o manual de instruções de uma máquina de calcular, demonstrando desinteresse em aprender a usá-la.

Pergunta-se: configuraria a atitude acima ato de improbidade?

Parece que não. O empregado não é desonesto; é, isto, sim, desinteressado; demonstra indiferença quanto a aprender a usar as máquinas que o empregador coloca à sua disposição para um melhor desenvolvimento profissional.

E mesmo a preguiça do empregado, que é também uma das definições de desídia, pode resultar numa atitude dolosa. Por exemplo, um servente de pedreiro, que tem capacidade e força física para carregar vinte tijolos por vez, mas, por preguiça, carrega apenas dez tijolos, atrasando o desenvolvimento do trabalho, não é um empregado desonesto. É preguiçoso, portanto desidioso.

8.4 Desídia culposa

Neste tópico, não há o que se opor aos doutrinadores. Há entendimento pacífico quanto à culpa como elemento caracterizador da desídia.

A culpa exterioriza-se através dos atos de negligência e imprudência.

A negligência é a forma de caracterização da desídia.

Segundo Jorge Severiano, "a negligência é a falta desta vontade firme e permanente de que cada um deve estar animado para evitar tudo o que possa ser nocivo aos interesses públicos ou particulares, podendo

---

10. *Manual das Justas Causas*, p. 420.

chamar-se delitos de negligência as infrações não intencionais ou cometidas por simples falta".[11]

Logo, a negligência é a falta de interesse, a falta de zelo e de atenção do empregado na execução do serviço.

Cabe repetir jurisprudência já citada "Empregado apanhado dormindo durante a jornada de trabalho comete justa causa para a dispensa" (ac. do TRT-8ª R. no proc. RO 24/81, rel. Juiz Pedro Thaumaturgo Soriano de Mello, proferido em 25.2.81).

Este julgado enfoca um exemplo típico de negligência.

Sustenta De Litala: "Segundo nossa opinião, a negligência habitual pode justificar a providência da despedida".[12] E continua: "(...) entretanto, só legitima a rescisão no caso de um empregado ter sido repetidamente advertido pela sua negligência".

Da opinião do autor supra, é de se discordar da afirmativa de que só a negligência habitual caracteriza a desídia, pois um único ato de negligência poderá carcaterizá-la, desde que este ato contenha gravidade suficiente.

Também gera discordância a necessidade de ter sido o empregado advertido repetidas vezes. Uma única advertência anterior já poderá ser suficiente.

Imagine-se empregado que esqueça de desligar certa máquina de voltagem elevada, que assim permanece ligada toda uma noite. No dia seguinte este empregado é advertido, mas no final do dia esquece a máquina ligada novamente, vindo ela a sofrer avarias.

A ocorrência de um ato negligente pela primeira vez poderá constituir a justa causa aqui estudada, desde que o ato traga conseqüências danosas ao empregador, como deflui desta decisão: "Desídia — Justa causa para rescisão do contrato de trabalho. Constitui desídia, motivadora da rescisão unilateral do contrato de trabalho, o fato de fiscal da Fazenda Nacional, na ponte limítrofe entre o Brasil e o Paraguai, deixar passar, em demanda do Exterior, quatro veículos com mercadorias, por não se achar no seu posto de serviço" (TFR, RO 7.382-PR, Dias Trindade).

Para a apuração da desídia por negligência, Dorval de Lacerda propõe a seguinte regra: "1º) a desídia manifesta-se normalmente de for-

---

11. *Dos Crimes e Infrações no Direito do Trabalho.*
12. "Apud" Dorval de Lacerda, ob., cit., p.139.

ma habitual; 2º) há casos, porém, que, embora singulares, geram tal figura faltosa".[13]

Eis aqui dois exemplos jurisprudenciais da primeira hipótese: "Constitui desídia, no desempenho de sua obrigação contratual, o fato de negligenciar o empregado na conferência de documentos, ensejando a que outrem, continuamente, lese o patrimônio da empregadora" (TFR, RO 8.160-RJ, Dias Trindade, ac. da 1ª T).

"Desídia caracteriza-se pela repetição de faltas. Sem a prova da aplicação de advertência ou suspensão, não há configuração de desídia. Faltas, seja em que número for, se não advertido ou punido o empregado, são tidas como perdoadas ou justificadas" (TST, RR 7.371/86.4, Barata Silva, ac. da 2ª T., 2.217/87).

Quanto à imprudência,[14] deve-se analisá-la na forma de ação, não comportando a omissão, pois esta constitui negligência.

A imprudência é revelada pela atuação do empregado sem ater-se a cautelas ou atos preventivos.

Um exemplo simples de imprudência é o do motorista de ônibus que conduz o veículo fora da faixa a ele destinada e/ou em velocidade excessiva. Se esta atitude vier a causar um acidente, terá o motorista agido com imprudência.

Um outro exemplo é o do motorista que, ciente de que o veículo por ele conduzido tem problemas no freio, mesmo assim prossegue no trabalho, ao invés de comunicar o fato ao seu empregador e recolher o veículo para serem efetuados os devidos reparos.

Por fim, a imperícia, que é revelada pela incapacidade do empregado para o cumprimento das funções, como resultado da falta de conhecimentos técnicos ou práticos, não constitui desídia.

É facultado ao empregador, ao admitir um empregado, aplicar-lhe um teste antes da efetivação da contratação. Este teste tem por finalidade apurar a capacidade profissional do trabalhador. Mesmo após a contratação, pode o empregador firmar com o empregado um contrato a título de experiência. Nossa lei permite que este contrato seja firmado por até noventa dias, conforme preceitua o parágrafo único do art. 445 da CLT. É neste período que o empregador irá medir a capacidade do empregado para o exercício das funções para as quais foi contratado.

---

13. Ob. cit., p. 144.
14. Imprudência é a violação ativa das normas de cautela, de cuidadosa e diligente atenção no agir (Jorge Severiano).

Portanto, na hipótese legal, tem o empregador oportunidade de aquilatar a real capacidade de seu empregado. Se, após o período de experiência, o empregado mostrar-se imperito, o empregador é que foi desidioso, pois não teve sensibilidade ou competência para aquilatar que seu empregado não tinha capacidade para o exercício das funções a ele atribuídas.

Para finalizar, conclui-se que a imperícia é um risco do empregador, e não do empregado.

O exemplo que ocorre é o do motorista que é dotado de pouca habilidade. Ao conduzir um veículo, este é "fechado" por outro de uma forma simples. O motorista que recebe a "fechada", por não ser habilidoso, não consegue evitar a colisão. Ou, ainda um motorista de ambulância que cause acidente, por não ter habilidade para conduzir veículo em velocidade.

Tem o empregador o período de experiência para detectar essas inaptidões do trabalhador.

No passado os tribunais consideravam como motivo justo para a rescisão do contrato de trabalho a imperícia.

Neste sentido é o seguinte julgado: "Considera-se justa causa para a rescisão do contrato de experiência, além dos atos faltosos enumerados no art. 482 da CLT, a incapacidade, a inabilidade ou inaptidão do empregado para o serviço ajustado" (TST, 3º T., proc. 855/68, *DOU* de 14.8.68).

O acórdão supra comporta uma reflexão. A incapacidade, a inabilidade ou a inaptidão são formas de imperícia.

Ora, se o período de experiência é justamente para aquilatar a capacidade, a habilidade e a aptidão, à percepção pelo empregador de que o empregado não as possui, no final do prazo do contrato, este se resolve, não passando a viger por prazo indeterminado. Ou, então, no caso de rescisão "ante tempus" indeniza-se o empregado na forma do art. 479 da CLT, que prevê: "Art. 479. Nos contratos que tenham termo estipulado, o empregador que, sem justa causa, despedir o empregado, será obrigado a pagar-lhe, a título de indenização, e por metade, a remuneração a que teria direito até o termo do contrato".

Recomenda-se ao empregador que este celebre o contrato de experiência por período pequeno, por exemplo trinta dias, já que poderá renová-lo por mais um período, se assim achar necessário.

De qualquer forma, tudo que foi dito aqui quanto à imperícia não vale se o empregado, de má-fé, oculta suas inaptidões, ou faz afirmação falsa sobre estas, enganando o empregador. Neste caso, o que ocorre é improbidade, e não desídia.

9
EMBRIAGUEZ

9.1 Terminologia legal. 9.2 Graduação da embriaguez. 9.3 Embriaguez habitual. 9.4 Embriaguez em serviço.

9.1 Terminologia legal

Embriaguez habitual ou em serviço. Estes são os dizeres precisos da lei. Nota-se que a lei trata de duas figuras distintas: a embriaguez habitual tanto pode ocorrer fora do serviço quanto dentro deste. A embriaguez no serviço, mesmo uma única vez, já constitui justa causa para dispensa. A embriaguez fora do serviço tem que ser habitual, pois assim, trará alterações na conduta social do empregado e, via de conseqüência, também na profissional.

O termo "embriaguez", utilizado pela lei, serve para abranger a alcoólica e a motivada por outro tóxico, isto é, embriaguez por álcool, maconha, cocaína etc.

O que tipifica estas faltas graves é a embriaguez, isto é, a absorção, pelo organismo, do álcool ou de outros tóxicos. Logo, a mera ingestão de álcool ou de outros tóxicos não constitui justa causa. É claro que a ingestão de tóxicos no ambiente de trabalho, mesmo não ocasionando a embriaguez, constituir-se-á em falta grave. Mas qual seria esta justa causa? Seria o mau procedimento, pois, se este se caracteriza pelas atitudes que extrapolam o senso comum do homem médio, a atitude do empregado ao ingerir drogas no ambiente de trabalho encaixa-se nessa definição.

E a ingestão de álcool, sem importar embriaguez, durante a jornada de trabalho? Obviamente, também se constitui em mau procedimento.

E a ingestão de álcool durante a hora de almoço? O horário de almoço é período de suspensão do contrato de trabalho. Logo, a ingestão de álcool nesse horário, mormente se foi em acompanhamento à refeição, não constitui qualquer falta.

Interessante é que muitas pessoas pensam que constitui justa causa a ingestão de álcool durante o horário de almoço, o que, torna-se a frisar, não é de forma alguma justa causa.

9.2 Graduação da embriaguez

Para a lei brasileira, não é importante o grau de embriaguez do empregado. Nem tampouco se esta é crônica ou patológica.

De qualquer forma, será útil informar-se sobre os graus de embriaguez, conforme ensina a Medicina.

Segundo a Associação Médica Britânica, a embriaguez é definida para "significar que o indivíduo está de tal forma influenciado pelo álcool, que perdeu o governo de suas faculdades a ponto de tornar-se incapaz de executar com prudência o trabalho a que se consagra no momento".[1]

O álcool é um perturbador dos fenômenos oxidativos celulares, e, como tal, tem sempre ação deprimente sobre os centros superiores do sistema nervoso.

Segundo a Medicina, pequenas doses de álcool já trazem algumas alterações no comportamento do ser humano. Há a diminuição dos reflexos, da coordenação de movimentos (estas prejudicam trabalhos de datilografia, composição tipográfica etc.), da memorização, atenção etc. Estas alterações já atrapalhariam o desenvolvimento do serviço, mas não constituem justa causa, pois o empregado não está embriagado.

Já, a embriaguez é resultado de doses elevadas de álcool. Estas doses agravam os sintomas vistos acima, além do quê soltam-se impulsos recalcados no homem, fruto do entorpecimento das inibições morais. Uma das primeiras conseqüências da embriaguez é o estímulo à libido. O ébrio se faz audacioso e inconveniente.

Soltam-se também impulsos, agressivos, que vão desde a intensificação da voz até a agressão física.

O ébrio atravessa algumas fases, a saber:

Fase de excitação: olhar animado, loquacidade, vivacidade motora; associação de idéias superficial. Adormecidas as inibições, cada qual começa a mostrar o que realmente é: este, alegre, zombeteiro; aquele,

---

1. A. Almeida Jr. e J. B. de O. Costa Jr., *Lições de Medicina Legal,* p. 152, nota de rodapé n. 1.

sentimental, cheio de confidências; aquele outro, avalentoado; alguns, deprimidos, melancólicos. Pupilas dilatadas; respiração e pulsos acelerados, pele úmida. Euforia.

Fase de confusão: a incoordenação motora e a confusão psíquica predominam. Perturbações sensoriais: diplopia (visão dupla); zumbido de ouvido; obtusidade tátil e olorífica. Ilusões (percepções erradas). Incapacidade de atenção voluntária; fuga de idéias. Impulsividade. Palavra difícil, pastosa, disartria. Inconveniência de atitudes. Movimentos sem coordenação. O indivíduo não é capaz de caminhar em linha reta, nem de permanecer em equilíbrio, em pé, de olhos fechados (sinal de Romberg). Geralmente, impotência sexual.

Fase do sono: estado paralisiforme. O bêbado não consegue manter-se em pé; e às vezes nem sentado. Pupilas contraídas; pele pálida; respiração e pulso lento; queda da pressão sangüínea. Desaparecimento mais ou menos completo da consciência. O ébrio só reage a estímulos violentos. Depois de algumas horas de sono, desperta dominado pelo mal-estar e a fadiga, com a cabeça pesada, sede, mau gosto.

Para o Direito do Trabalho, o empregado em qualquer das fases acima é considerado embriagado e, portanto, comete justa causa.

Para diagnosticar se um indivíduo está embriagado, indica a Medicina os seguintes critérios:

Observação comum: a observação comum (testemunhas, policiais) baseia-se geralmente nas perturbações do equilíbrio, no hálito alcoólico, na disartria, na confusão mental. Qualquer desses elementos pode induzir em erro. As perturbações do equilíbrio ocorrem não só na embriaguez, mas ainda em afecções cerebelosas ou labirínticas. O hálito alcoólico não tem correspondência necessária, nem com a positividade da embriaguez, nem com o seu grau. As dificuldades na articulação ou na elocução resultam também de defeitos orgânicos e mesmo de choques emotivos. E não é só o álcool que perturba as idéias. Os anais da Justiça francesa registram um erro judiciário devido a haver-se tomado por embriaguez alcoólica um caso de intoxicação pelo óxido de carbono: os gestos, as explicações confusas da suposta criminosa, foram levados à conta do álcool, quando, na verdade (segundo se apurou depois), ela fora atingida pelo mesmo tóxico que mataram as suas pretensas vítimas.

Exames clínicos e testes: podemos exemplificá-los, em conjunto, com o exame rotineiro da Dinamarca: 1º. Aparência do indivíduo: sonolento? faces congestas? olhos vermelhos? suor? baba? soluços? vômito? desordem no vestuário? 2º. Atitude: ruidosa, excitada, exaltada, arrogante, loquaz, titubeante, deprimida etc. 3º. Orientação: sabe onde se encontra? que horas são? 4º. Memória: ver se o indivíduo se lembra dos atos que praticou durante as últimas horas; se se lembra dos nomes de algumas ruas. 5º. Faculdades de descrição: fazer o indivíduo descrever o fato que o trouxe ao exame; ou descrever uma gravura de revista que se lhe mostre. 6º. Prova de cálculo. 7º. Elocução: convidar o indivíduo a dizer algumas palavras de articulação difícil; a ler um trecho de jornal. 8º. Andar: observar como caminha o indivíduo. Experimentar o sinal de Romberg (em pé, olhos fechados). 9º. Coordenação motora: levantar um objeto do chão; colocar uma tampa na caneta etc. 10º. Escrita: escrever o nome, a idade, a profissão, domicílio. 11º. Pulso: irregularidade, rapidez; pupila: dimensões, reações à luz, sensibilidade dolorífica. 12º. Hálito.

Na opinião de J. J. Prag, que fez sobre o assunto, na Cidade do Cabo (África do Sul), verificações meticulosas, as perturbações motoras (marcha, sinal de Romberg, teste de dedo contra dedo, erguer do chão pequenos objetos) constituem o melhor sinal clínico de intoxicação. O odor alcoólico, o rubor do rosto, a pulsação, a sudação e a pressão sangüínea têm pouca ou nenhuma significação. As perturbações psíquicas tornam-se valiosas quando associadas com as de caráter motor (*JAMA* 157/11, 1955).

Dosagem de álcool: para a dosagem do álcool existente no organismo do paciente podem ser utilizados o sangue, o líquido cefalorraquidiano, a urina, a saliva, o ar respirado. O sangue é de uso no Brasil; os norte-americanos preferem o ar expirado, cuja obtenção encontra menos objeções da parte dos pacientes; os técnicos ingleses aconselham o exame da urina.

Empregam-se, entre outros, o método de Nicloux e o micrométodo de Vidmark. O de Nicloux exige 10 centímetros cúbicos de sangue; o de Vidmark, apenas algumas gotas. Todavia, a extrema delicadeza desse último o torna menos seguro. Por isso, o primeiro continua a ter a preferência. Seu estudo, aliás, não entra nos propósitos deste livro.

A hora exata da extração do sangue deverá ser registrada, para que seja depois confrontada com a hora da ingestão da bebida e, ainda, com a do fato que motivou o exame. Todos os cuidados serão tomados para a identificação do paciente, e também, para assegurar a autenticação do material. Não se desinfete com álcool a pele do braço do paciente, prevenindo-se, com isso, futuras críticas. O resultado apresentado pelo analista corresponde, como é óbvio, ao momento da extração do sangue.

Tenha-se presente: a) que, poucos minutos após a ingestão da bebida alcoólica, já é possível achar álcool no sangue; b) que, entre trinta minutos a duas horas (conforme esteja o indivíduo em jejum ou não, e conforme a bebida seja concentrada ou diluída), a percentagem de álcool atinge o máximo no sangue; c) atingido o máximo, o álcool vai sendo oxidado e eliminado (7 a 10 cm^3 por hora, num adulto); d) após vinte e quatro horas, nenhum álcool se encontrará mais no sangue (salvo se álcool metílico, o que é excepcional).[2]

Estes critérios são de grande valia para se apurar a ocorrência da embriaguez em serviço.

9.3 Embriaguez habitual

A embriaguez habitual é prevista na lei para os casos em que ocorre fora do ambiente de trabalho, sem trazer qualquer prejuízo à disciplina no referido ambiente.

Então, qual a razão de esta figura constituir justa causa para dispensa?

A embriaguez, segundo Wagner Giglio, "degrada o caráter e abala a confiança do empregador em seu subordinado. O ébrio habitual oferece um risco em potencial para a empresa, vez que demonstra falta de princípios sãos, assim como o ímprobo que se revela na vida extra-empresarial: embora mantenha conduta irrepreensível, dentro do estabelecimento, seu comportamento externo, reprovável, desperta a suspeita no empregador, que nele não poderá confiar".[3]

Dorval de Lacerda afirma que "houve razão, talvez mais imperiosa, para a atitude aparentemente drástica do legislador: é que se presume, na inserção da embriaguez habitual no elenco faltoso, nem tanto um prejuízo da empresa e uma arma de defesa do empregador contra os perigos que oferece um ébrio habitual, embora momentaneamente (durante o serviço) sóbrio, mas uma ação direta do Estado contra a propagação do vício".[4]

Parece que tem mais razão Giglio. O que a lei visa é a proteger o empregador de máculas que um empregado ébrio habitual pode acarretar à empresa, além de que, é comprovado pela Medicina, a pessoa que

---

2. Os conceitos constantes deste item também foram extraídos de *Lições de Medicina Legal*, cit.
3. *Justa Causa*, p. 155.
4. *A Falta Grave no Direito do Trabalho*, p. 162.

se embriaga de forma constante terá sua capacidade física e mental comprometida em pouco tempo.

Não obstante o entendimento supra, atente-se para os seguintes julgados: "O alcoolismo é caracterizado hodiernamente como enfermidade. A lei não deve funcionar como elemento punitivo quando ela pode, perfeitamente, exercer uma função educativa" (TRT-7º R., RO 482/85, *LTr* 50-3/334).

"Alcoolismo. Entende a Ciência atual que alcoolismo é doença e como tal deve ser analisado e tratado, não constituindo-se de per si motivo para a dispensa do empregado" (TRT-3ª R., RO 2.684/89, rel. Juiz Carlos Alberto Alves Pereira, *DJMG* 8.690).

Mas são julgados isolados. A jurisprudência mais moderna não acolhe a tese de que o alcoolismo seja doença: "Falta grave — Alcoolismo. O problema do alcoolismo, quando envolve dispensa de empregado com longo tempo de serviço, torna-se especialmente delicado, complexo e difícil para o julgador. Todavia, em face do disposto nas legislações trabalhistas e previdenciárias, a análise a ser feita não pode descurar os elementos básicos seguintes: se o alcoolismo é doença, a solução do problema passa para a esfera do relacionamento empregado-Previdência Social, tendo em vista que o empregador não pode nem compelir o empregado a submeter-se a tratamento médico nem definir que se encontra doente; se se fizer abstrações do debate médico a respeito, tem-se que a lei específica não distinguiu as possíveis espécies de alcoolismo para efeito de configuração de justa causa e de falta grave (CLT, arts. 492, 493 e 482, "f"), como não previu, ainda, nenhuma forma de proteger o empregador contra os efeitos do precedente em relação ao clima de disciplina na empresa, com o conseqüente desestímulo aos empregados regulares" (TRT-3º R., RO 2014/89, 1ª T., rel. Juiz Manoel Mendes de Freitas, *DJMG* 30.3.90).

Parece que o julgado acima encerra o assunto, vindo a dar razão a Giglio.

Adalberto Martins,[5] em conclusão do livro *A Embriaguez no Direito do Trabalho*, afirma que "a embriaguez habitual não pode, hodiernamente, ser considerada justo motivo para rescisão do contrato de trabalho pelo empregador, a despeito do texto consolidado, o qual se encontra em plena vigência".

5. Ob. cit., p. 97.

E continua o ilustre autor:

"Todavia, não se trata de negar vigência à lei, atribuição que não compete ao intérprete nem ao julgador, haja vista o disposto no art. 2º da Lei de Introdução ao Código Civil Brasileiro ('Não se destinando à vigência temporária, a lei terá vigor até que outra a modifique ou revogue'), e sim de negar-lhe a eficácia social, muito embora tenha eficácia jurídica.

"A ineficácia social da norma decorre da sua inadequação à realidade, porquanto se revela manifestamente injusta, o que se traduz em lacuna axiológica.

"O art. 482, alínea 'f', da CLT se revela injusto porque ignora o fato de que a embriaguez habitual pressupõe a questão do alcoolismo, doença que acomete o empregado. E sabemos que o doente necessita de tratamento, não sendo justa a punição pretendida pela norma.

"Entendemos, pois, que o dispositivo consolidado deve ser suprimido, não merecendo ser mantida nem mesmo a tipificação da embriaguez em serviço, vez que despicienda. E isso porque esta última pode decorrer do alcoolismo (hipótese que não merece punição), ou traduzir ato de indisciplina ou insubordinação, o que já se encontra tipificado no art. 482 da CLT.

"De qualquer sorte, ainda que a supressão da norma não se efetive, nada obsta a que o aplicador do Direito afaste sua incidência, haja vista o reconhecimento da lacuna axiológica, a qual está obrigado a colmatar."

Não obstante nosso respeito pela conclusão supra, posicionamo-nos com Giglio, uma vez que o empregador não tem mecanismos eficazes para obrigar seu empregado a procurar tratamento.

E não se pode negar que um empregado que se embriaga de forma habitual poderá colocar em risco a imagem e o patrimônio do empregador.

Um aspecto que merece ser estudado é o da publicidade.

Entendem alguns que é necessário, para configuração da embriaguez habitual, que seja ela notória.

Portanto, entendem alguns autores que a embriaguez habitual há de ser pública, para caracterizar falta grave; que a embriaguez habitual no íntimo da residência do empregado não constitui justa causa.[6]

---

6. Defendem tal ponto de vista Antônio Lamarca e Evaristo de Moraes Filho.

Não há, porém, na lei, nada que autorize tal conclusão.

"A embriaguez costumeira esfarrapa o corpo e a inteligência do homem. O bêbado contumaz, física e moralmente, recai na impossibilidade de ser bom empregado e, por essa razão, pode ser demitido."[7]

Russomano mostra um critério de avaliação desta justa causa: "Sempre que se for analisar, em juízo, a rescisão contratual por esse motivo, primeiramente, é de se saber se houve, de fato, embriaguez em muitas oportunidades; depois, se ela foi de monta a se refletir na relação do emprego, perturbando direta ou indiretamente, pela degradação do ébrio, a boa marcha das atividades da empresa".[8]

A verdade é que a publicidade da embriaguez não deve influir na apreciação da falta. Quer a embriaguez se dê no lar ou em locais públicos, as conseqüências biológicas são as mesmas. Logo, do ponto de vista trabalhista, seus efeitos são os mesmos.

9.4 Embriaguez em serviço

Para a caracterização desta figura basta que o empregado compareça ébrio em serviço uma única vez.

Neste sentido têm-se pronunciado nossos Tribunais:

"Rescisão do contrato de trabalho — Embriaguez em serviço — Ato único. Não há necessidade de que a embriaguez em serviço seja reiterada, configurando justa causa na primeira vez, e sua prova é feita por testemunhas" (TRT-2ª R., ac. da 1ª T., publ. 20.12.89, RO 28817244-0, rel. Juiz José Serson, José Juvenal da Silva x ARCO, Administração e Reformas Condominiais S/C Ltda.).

"Rescisão do contrato de trabalho — Embriaguez em serviço — Justa causa. O hábito de bebida exige dosagem limitada para que possa ser capitulado como social. Quando tal hábito, independente da dosagem, se dá em hora e local de serviço, constitui falta disciplinar. Se a ingestão de bebida chega a causar embriaguez, a ponto de o agente ficar incapaz até de perambular, obrigando a que outra pessoa assuma seu serviço, ocorre a falta grave ensejadora de despedida sem ônus para o empregador" (TRT-1ª R., ac. un. da 5ª T., publ. 23.8.90, RO 8.847/89,

---

7. Mozart Victor Russomano, *O empregado e o Empregador no Direito Brasileiro*, p. 257.
8. Idem, ibidem.

rel. Juiz Nélson Costa, Eugênio Henrique Pereira Lucena x Sumaia Kalhed Alves).

O fundamento desta figura se constituir em justa causa reside na necessidade de ser mantida a disciplina do ambiente de trabalho, pois é fácil de se imaginar o que ali ocorreria com a presença de um empregado embriagado: não haveria adequada produção, respeito e seriedade na execução dos serviços.

10

VIOLAÇÃO DE SEGREDO

10.1 Sentido dos termos "violar" e "segredo". 10.2 Tipos de segredo. 10.3 Deveres do empregado. 10.4 Violação e revelação. 10.5 Violação indireta. 10.6 Revelação do segredo no ambiente de trabalho. 10.7 Violação incompleta e tentativa de violação. 10.8 Violação de segredo ilícito. 10.9 A revelação em juízo. 10.10 Revelação de pequenos segredos. 10.11 Reiteração da violação.

10.1 Sentido dos termos "violar" e "segredo"

"Violar" é utilizado pela lei no sentido de revelar ou divulgar. O empregado que divulgue segredos da empresa comete justa causa.

Wagner Giglio vai mais longe, quando afirma que violar dá idéia de "ofender com violência" e significa "transgredir", "forçar", "profanar", "devassar ou divulgar abusivamente", ao tempo que revelar provém de "tirar o véu de", isto é, "manifestar", "descobrir". "declarar", "denunciar"; divulgar tem o sentido de "tornar conhecido", vulgar, comum, "propalar", "publicar".[1]

Conclui o referido autor que há uma nítida diferença de significado entre violar e revelar, pois é inerente à violação a idéia de violência, ou, melhor, de prejuízo.

Já, o vocábulo "segredo" não é adotado pela lei no sentido de mistério ou confidência.

O segredo a que se refere a lei é o da empresa.

Há o segredo da empresa quando o seu detentor tem ciência do mesmo em virtude de sua qualidade de empregado. Isto quer dizer que, se a revelação se der em circunstâncias alheias ao contrato de trabalho, não ocorrerá a justa causa.

Dorval de Lacerda afirma, no mesmo sentido: "Agora, quando o empregador, mas não na qualidade de empregador, dá a um empregado, mas não na qualidade de empregado, ciência de um segredo, e este o

1. *Justa causa*, p. 171

revela, haverá falta grave? Por certo que não. O conhecimento do sigilo não se operou, na hipótese, em virtude do trabalho, pelo exercício do cargo, ou, mais amplamente, pelas contingências criadas pelo contrato de trabalho; deu-se, antes, em virtude de razões nitidamente pessoais e de ordem privada — o pressuposto do fato não é direta ou indiretamente a relação de emprego —, não há, portanto, como se falar em falta trabalhista".[2]

Da mesma forma, a violação ou revelação dos segredos pessoais dos empregadores não caracterizam a justa causa.

Wagner Giglio conceitua o segredo sob estudo nos seguintes termos: "Segredo de empresa é tudo que, sendo referente a produção ou negócio, é do conhecimento de poucos, não deve, pela vontade dos seus detentores, ser violado".[3]

E continua: "Explicamos: segredo é tudo, isto é, ato, fato ou coisa; referente à produção ou negócio, sob pena de não ser segredo de empresa; do conhecimento de poucos, porque é requisito essencial do segredo não ser conhecido por muitos; pela vontade de seus detentores, pois, faltando a intenção de não revelar, descaracteriza-se o segredo (...); não deve ser violado, isto é, revelado a terceiro interessado, ou explorado (...)".[4]

10.2 Tipos de segredo

Os segredos de empresa são de dois tipos: os de indústria e os comerciais.

Os segredos de *indústria* dizem respeito aos inventos, formulas, alterações em produtos etc.

Os segredos *comerciais* dizem respeito à situação financeira do empregador; suas transações, aumentos de preços, promoções de vendas, estratégias de "marketing" etc.

10.3 Deveres do empregado

Tem o empregado, em virtude do contrato de trabalho, certos deveres em face do seu empregador.

2. *A Falta Grave no Direito do Trabalho*, p. 218.
3. Ob. cit., p. 175.
4. Idem, ibidem.

Wagner Giglio afirma que o empregado que viola segredo da empresa quebra os deveres de colaboração e fidelidade.⁵

Leciona Pinto Antunes: "Na captação de clientela o empresário põe à prova a sua capacidade, emprega todos os meios que a sua imaginação concebe e a lei permite para vencer a luta da concorrência. E nessa faina, muitas vezes, descobre um processo simples, um "tour de main" que é suficiente para melhorar a sua situação na luta comercial. Não constitui um modelo de utilidade, nem mesmo uma invenção no sentido próprio. Usa dessa habilidade em segredo e tira dela proveito para melhoria da qualidade ou para o aumento da produção. O concorrente, se descobre, pode aproveitar-se dela também, sem que pratique crime, porque não constitui privilégio garantido pela lei. Então, a vantagem do patrão, do empresário, está em guardar segredo desse seu recurso, para não vê-lo empregado por outrem e vulgarizado pelos concorrentes. Os empregados, colaboradores do patrão, interessados na economia empresarial, têm o dever primacial de conservar o segredo que interessa, afinal, a toda a comunidade de trabalho, e não só ao empresário; como subordinados, devem dedicação aos interesses da organização, e todo o ato que demonstre atitude contrária a esses interesses justifica a despedida ou rescisão contratual sem responsabilidade patronal".⁶

E Dorval de Lacerda assevera: "Dos deveres atribuídos ao empregado, uns têm a forma positiva, outros negativa. E o dever de fidelidade assume ambas. Assim doutrina, com o acerto de sempre, Bortolotto (*Diritto del Lavoro*, p. 199): "A idéia de fidelidade, no regime das relações de trabalho, se realiza por dois aspectos: um positivo e o outro negativo. Sob o aspecto positivo, o trabalhador deve, nos limites dos pactos estabelecidos, dar todo o seu esforço para a realização dos escopos da empresa, como, de acordo com os pactos convencionados e nos limites do horário de trabalho, o empregador tem o direito a todo o seu rendimento; destarte, viola o dever de fidelidade o empregado que, no lugar do trabalho, durante as horas respectivas, tenha atividade destinada à sua própria vantagem ou em favor de terceiro que não seja o empregador. Sob o aspecto negativo, no âmbito da relação de trabalho, não deve ele fazer qualquer coisa que prejudique, ou comprometa ou dificulte a realização dos fins da empresa; e, aqui, o dever de fidelidade

---

5. Idem, p. 176.
6. *A Falta Grave e a Força Maior na Legislação Trabalhista Brasileira*, "apud" Wagner Giglio, ob. cit., p. 175.

se realiza com a proibição de concorrência em prejuízo do empregador".[7]

Interessante, também, é a lição de Paolo Greco: "Do ponto de vista estritamente jurídico, o dever de fidelidade se manifesta e atua sob o aspecto de uma conduta negativa, ou, melhor, de uma série de abstenções impostas ao trabalhador. Estas dizem respeito a duas proibições: abusar das notícias referentes à empresa e de praticar, mesmo sem recorrer a semelhante abuso, uma atividade em concorrência ao empregador, seja tratando dos próprios negócios, seja executando as mesmas operações por conta própria ou de terceiros, seja facilitando, de qualquer modo, a concorrência exercitada por terceiros em prejuízo do empregador".[8]

Das exposições acima, chega-se à conclusão de que o empregado é obrigado a exercer suas funções sob determinadas condições. Tem ele o dever de fidelidade para com o seu empregador. Este dever aliado ao de colaboração são os fundamentos da justa causa aqui estudada.

10.4 Violação e revelação

Violar não é sinônimo de revelar, como já visto. Mas, havendo a revelação, haverá a violação. O inverso, entretanto, não é verdadeiro. Poderá haver violação sem revelação. É o caso de quem usa o segredo em benefício próprio.

Afirma Von Listz: "Revelar é comunicar a outrem. A revelação deve ser feita sem autorização, isto é, ilegalmente. Segundo as regras gerais, o desempenho de um dever profissional (revelar ao chefe da família o mal venéreo do filho, a gravidez da criada, a denúncia dada a autoridade etc.) excluem a ilegalidade, mas o fato de promover interesses científicos (publicação de casos de enfermidade) não a dirime".[9]

Poderá também ocorrer revelação sem haver violação.

Se um empregado, detentor de segredo de empresa, o revela à sua mulher, não estará violando o segredo se não resultar em possibilidade de prejuízo à empresa. Agora, se a mulher também é empregada da empresa, e o segredo que lhe é confiado não poderia ter chegado ao seu conhecimento, aí, sim, o empregado incorreu em justa causa.

Wagner Giglio conclui que a revelação só caracterizará violação se for feita a terceiro interessado capaz de causar prejuízo à empresa.

---

7. Ob. cit., p. 225, nota de rodapé.
8. *Il contrato di Lavoro*, Turim, 1939, "apud" Dorval de Lacerda, ob. cit., p. 228.
9. Cit. por Dorval de Lacerda, ob. cit., p. 228.

"Adiantamos — continua o autor — que não há necessidade, para a caracterização do ato faltoso, de haver um prejuízo real para a empresa: basta que exista a possibilidade, de maneira apreciável, de causar prejuízo".[10]

10.5 Violação indireta

Não violando diretamente o segredo, mas facilitando sua revelação, incorreria o empregado em justa causa?

Imagine-se que um engenheiro que trabalhe no desenvolvimento de um projeto secreto deixe sobre sua mesa o dossiê do referido projeto, em vez de guardá-lo numa gaveta trancada à chave, ou num cofre.

Se o empregado deixou o documento de forma proposital, para que terceiros tomassem conhecimento de seu conteúdo, a resposta à questão formulada é positiva. Agora, se deixou o dossiê sobre a mesa por esquecimento, não cometeu a justa causa em estudo, mas a atitude constituirá desídia.

Logo, comete a justa causa de violação de segredo o empregado que facilita a violação, mesmo não a praticando pessoalmente.

10.6 Revelação do segredo no ambiente de trabalho

Neste ponto, pretende-se tratar do caso em que o segredo é revelado a colegas, a subordinados ou superiores hierárquicos. Incide na justa causa o empregado que assim age, isto é, que revela segredos a ele confiados, aos colegas e até aos superiores, se a estes não era permitido o conhecimento.

Leciona Dorval de Lacerda, a respeito: "Em princípio, parece-me, tanto num caso como no outro, que sim. A qualidade de empregado da empresa não importa, a respeito; o que importa é saber se a pessoa a quem o segredo foi revelado tinha o direito de dele ter conhecimento. Ou, melhor, é saber se tal pessoa estaria entre aquelas que, por vontade da empresa, seriam as detentores do segredo. Ora, não é o empregado, como vimos, o senhor desse critério de revelação, e, se a faz, sem conhecer o pensamento dos chefes da empresa, anda mal, pois se arvora em juiz de coisa que não lhe compete. De qualquer modo, entretanto, dada a sutileza da questão, só o magistrado poderá, ante o caso concreto, dizer se houve ou não violação bastante para caracterizar a falta gra-

---

10. Ob. cit., p. 177.

ve e determinar, em caso afirmativo, a existência de atenuante para o ato, dada a circunstância de a revelação ter sido feita a um colaborador da empresa, o que admite a possibilidade de presunção, por parte do revelador, de que este pudesse ser possuidor do segredo. Atenuante, na verdade, mas não dirimente, pois violação se verificou".[11]

10.7 Violação incompleta e tentativa de violação

A violação incompleta não caracteriza a justa causa. Se um empregado revela segredo parcialmente, como, por exemplo, se passa a terceiros certos desenhos de um novo automóvel que a empresa para a qual trabalha pretende lançar, mas não fornece o tipo de acabamento, potência do motor, faixa do mercado a que se destina, não se consuma a violação de segredo. Poderá, entretanto, caracterizar outra justa causa, como a improbidade ou mau procedimento.

Quanto à tentativa de violação de segredo, esta não caracteriza a justa causa em estudo. É fácil imaginar-se uma situação em que o empregado, munido de informações a respeito do lançamento de um produto, quando vai divulgar a terceiros, a empresa lança comerciais do produto na TV, dando conhecimento a toda a sociedade. A violação não se consumou por circunstâncias alheias à vontade do empregado. Da mesma forma como na violação incompleta, o ato do empregado poderá caracterizar outra falta grave.

10.8 Revelação de segredo ilícito

Propõe Wagner Giglio as seguintes questões: Terá o empregado obrigação de guardar segredo ilícito? Haverá violação de segredo se este se referir a métodos, processos ou meios que configurem má-fé, abuso, fraude ou até crime? [12]

Dorval de Lacerda assim se pronuncia: "Já tive ensejo de afirmar que todo segredo, que envolver ilegalidade, abuso, má-fé, fraude, que determine ou possa determinar um prejuízo a terceiros, não incide na proteção legal. Na verdade, esta só pode existir dentro de um pressuposto de legalidade, mas não ser estendida a atos ou fatos que a sociedade condena e o Estado protetor reprime".[13]

---

11. Ob. cit., p. 228.
12. Ob. cit., p. 180.
13. Ob. cit., p. 229.

E continua: "Não constituirá, então, segredo. Porém, não é possível, dada tal circunstância, de efeitos meramente legais, admitir que a sua revelação possa, ainda assim, ser feita a qualquer pessoa, pois ela só teria justificativa quando, como é óbvio, tendesse à repressão da ilegalidade ou a evitar o mal daqueles mesmos terceiros. Conseqüentemente, só à autoridade pública poderia ser revelada, porque só esta possui tais funções repressivas".

Desta última posição de Lacerda forçoso é discordar, uma vez que o empregado que revela a terceiros, que não à autoridade pública, segredos ilícitos não comete a justa causa em exame.

Imagine-se a hipótese de uma empresa que altere, para pior, a composição química de determinado produto. O empregado, conhecedor da fraude, informa-a a um cliente, e este deixa de adquirir o produto. Não parece que o empregado cometeu justa causa. Agiu, antes, com dignidade.

Neste ponto é de seguir-se Wagner Giglio: "Claro está que a revelação da ilegalidade à autoridade pública competente para coibi-la não constitui violação, mas não só a ela. Parece-nos que a revelação se justifica sempre que visa a evitar que a ilegalidade cause prejuízo a terceiros, mesmo porque o Direito não poderia obrigar o empregado a ser conivente na lesão a interesses legítimos de terceiros sob pretexto de proteger os interesses ilícitos da empresa".[14]

Quanto a revelação à autoridade pública, tem o empregado obrigação de informar a verdade quando questionado por quem tem o direito de exigir a revelação de um segredo. É o caso da fiscalização (higiene, pesos e medidas etc.).

Cumpre ressaltar, todavia, que, se o empregado revelar segredo, mesmo ilícito, a quem não seja autoridade pública, ou a quem não tenha qualquer interesse direto no seu conhecimento, cometerá a falta grave.

10.9 A revelação em juízo

Chamado a testemunhar em juízo e questionado sobre algum segredo da empresa, o empregado terá, por imperativo legal, que falar a verdade.

Diz o art. 342 do CP: "Fazer afirmação falsa, ou negar ou calar a verdade, como testemunha, perito, tradutor ou intérprete em processo judicial, policial ou administrativo, ou em juízo arbitral".

14. Ob. cit., p. 181.

O texto legal supra transcrito prevê o crime de falso testemunho. Logo o empregado que revelar segredo em depoimento judicial não comete a falta.

Agora, se o empregado poderia se eximir de depor, e não o fez apenas para prejudicar o empregador, comete a justa causa aqui estudada.

10.10 Revelação de pequenos segredos

Por pequenos segredos entendam-se os de pouca importância.

O movimento de um posto de combustíveis num final de semana constitui segredo, mas sua revelação a terceiros não constitui justa causa. É, isto, sim, atitude merecedora de pequenas sanções, como advertências. Agora, a reiteração de tal violação enseja a dispensa por justa causa.

10.11 Reiteração da violação

Quanto à reiteração, esta só é necessária para violação de pequenos segredos; quanto a segredos mais sérios, uma única revelação já caracteriza a justa causa.

Portanto, a regra é a configuração da justa causa com um único ato de revelação, constituindo-se a reiteração em exceção.

11

INDISCIPLINA E INSUBORDINAÇÃO

11.1 Duas justas causas. 11.2 A indisciplina. 11.3 A insubordinação. 11.4 Superior hierárquico. 11.5 Direito de resistência. 11.6 A influência do ambiente de trabalho. 11.7 A reiteração de atos de indisciplina. 11.8 Recusa em assinar uma advertência.

11.1 Duas justas causas

A lei mais uma vez se utiliza de uma única alínea para tratar de duas justas causas.[1] Mas são duas figuras que se assemelham. Esta semelhança não tira a particularidade de cada uma delas, e é também por este motivo que ambas são estudadas na mesma alínea.

Poder-se-ia dizer, de forma muito simples, que a indisciplina é gênero do qual é espécie a insubordinação. Um ato de insubordinação sempre consistirá em indisciplina. Mas não é conveniente adotar-se distinção tão simplista. Deve-se buscar a conceituação de ambas as expressões, para traçar os reais limites de cada uma delas.

Dorval de Lacerda afirma que: "Indisciplina é o ato do empregado que traduz violação deliberada dos princípios de ordem geral que devem reinar na comunidade da empresa, e que emanam ou da regulamentação coletiva, ou do regulamento interno, ou do contrato-tipo, ou das regras costumeiras, ou da lei estatal e da lei do grupo".[2]

Quanto à insubordinação, afirma o mesmo autor que "é a prática intencional que representa o não cumprimento deliberado de uma ordem especial, de caráter pessoal, dada ao empregado pelo empregador ou por um superior hierárquico".[3]

Pode-se, então, dizer que a indisciplina é atitude tomada pelo empregado que fere as normas da empresa, normas, estas, constantes, em

---

1. Já foi estudada a alínea "b", que trata da incontinência de conduta e do mau procedimento, onde uma alínea do art. 482 prevê duas justas causas distintas.
2. *A falta Grave no Direito do Trabalho*, p. 65.
3. Idem, ibidem.

regra, do seu regulamento. Geralmente, estas ordens são endereçadas a todos os empregados. Mas casos há em que estas ordens são restritas a alguns setores da empresa.

Exemplificando, uma empresa pode ter em seu regulamento geral a proibição de fumar em todos os recintos, ou poderá vedar que se fume apenas no almoxarifado.

Quanto à insubordinação, constitui ela desobediência a ordens emanadas diretamente do empregador ou de um superior hierárquico.

Adotando, ainda, o exemplo do fumante, pode-se afirmar que comete insubordinação o empregado que se recusa a apagar o cigarro quando assim lhe é solicitado pelo empregador ou pelo chefe, por estar a sala onde se encontra repleta de explosivos ou material inflamável.

11.2 A indisciplina

É o empregador quem, segundo a lei, assume os riscos da atividade econômica.[4] E, para que estes riscos sejam pequenos, detém o empregador poderes. Estes poderes são, basicamente, o diretivo, o regulamentar e o disciplinar.

Dentro do poder regulamentar, traça o empregador instruções que, segundo seus ditames, são a forma correta para que obtenha êxito em seu empreendimento. Nos regulamentos da empresa, o empregador planeja a atividade desta, dividindo tarefas, determinando proibições, horário de almoço, o uso de crachá de identificação etc. É o regulamento de empresa ato unilateral que se completa no ingresso do empregado ou durante sua permanência, fazendo com que o contrato de trabalho se torne um verdadeiro contrato de adesão. Por isso, cabe aos empregados apenas seguir as diretrizes traçadas pelo empregador.

Wagner Giglio afirma que: "A indisciplina do empregado, furtando-se a obedecer a essas ordens gerais de conduta, subverte todo o sistema orgânico de produção, dificulta o bom êxito da empresa, cria óbices à obtenção das finalidades do empreendimento. É por isso que a lei autoriza o despedimento do empregado indisciplinado".[5]

---

4. CLT, art. 2º: "Considera-se empregador a empresa individual ou coletiva, que, assumindo os riscos da atividade econômica, admite, assalaria e dirige a prestação pessoal de serviço".
5. *Justa Causa.*

11.3 A insubordinação

O regulamento de empresa traz ordens gerais. No trato diário das inúmeras questões que ocorrem numa empresa é humanamente impossível ao empregador prever tudo o que possa acontecer. Não desce o regulamento a minúcias. Para resolver estes problemas, usando do poder disciplinar, o empregador, diante de atitude de um empregado que não lhe agrade, ou com a qual não esteja de acordo, pode fazer determinações ao empregado. Estas determinações podem ser tomadas, também, sem que o empregado esteja fazendo algo que não agrade ao patrão. Melhor esclarecendo, é o caso das ordens que o empregador pode dar aos empregados.

Muitas vezes, estas determinações são para que o empregado faça um trabalho, ou que se abstenha de tomar atitude que seja nociva à empresa, ou que a cesse, caso já iniciada. Para tanto, pode o empregador delegar poderes a outros empregados, conforme a hierarquia na empresa.

Logo, se se recusa a obedecer às ordens emanadas diretamente do empregador ou de empregados por este designados a dar ordens e orientações, o empregado é insubordinado.

Veja-se interessante julgado a respeito: "A insubordinação tem caráter de maior gravidade que a indisciplina, por isso que constitui descumprimento de ordem específica recebida de quem tem o poder de comando na relação empregatícia. Partindo de empregado cujo comportamento tornara conflitante aquela relação, pode configurar justa causa para a rescisão" (TRF, 3ª T., RO 4.420, *DJU* 1.7.81, p. 6.499).

Ato típico de insubordinação é o não cumprimento de ordens, verbais ou escritas.

11.4 Superior hierárquico

No exame dos atos contra a honra e boa fama e ofensas físicas praticadas contra superior hierárquico, chega-se à conclusão de que ocorre justa causa quando o empregado toma aquelas atitudes contra qualquer empregado que detenha cargo superior ao seu, dentro da hierarquia da empresa, mesmo não havendo subordinação direta.[6]

Já, com a insubordinação, só é superior hierárquico quem está em linha reta, em posição imediatamente superior ao empregado. Isto é, o "office-boy" só deve obediência direta ao seu chefe. O chefe do depar-

6. V. cap. 13.

tamento jurídico não pode dar ordens ao "office-boy" de quem não é superior imediato. O bom senso manda que, neste caso, o chefe do departamento jurídico peça ao chefe do "office-boy" que este faça um serviço. Agora, partindo a ordem diretamente do chefe do jurídico ao "office-boy", este, recusando-se a cumpri-la, não comete a justa causa.

11.5 Direito de resistência

Para ser cumprida, uma ordem deve ser legítima. Por exemplo, não será considerado indisciplina ou insubordinação o ato do empregado ao negar-se cumprir determinada ordem que coloque sua saúde ou sua vida em perigo.

É necessário que a negativa tenha fundamento, isto é, o empregado deve ter a certeza de que estará correndo perigo, e não uma desculpa infundada para a não realização de tarefa.

Interessante e ilustrativo exemplo dá Giglio[7] de caso em que um mecânico de elevadores se recusou a fazer um conserto num prédio, pois o respectivo zelador, certa feita, colocara o elevador para funcionar quando havia um mecânico no teto do mesmo. O empregado, com receio de que isso lhe acontecesse, negou-se a executar serviços naquele prédio. Neste caso, não há justa causa.

Problema mais delicado é se há direito de resistência do empregado quando este se nega a executar uma tarefa por entender que esteja errada.

Há o direito de resistência entre os empregados de nível funcional e intelectual mais elevado. Quer-se, com isto, dizer que haverá justa causa se a recusa partir, por exemplo, de um servente de pedreiro que reluta em preparar o concreto com as medidas de cimento e pedra determinadas pelo mestre-de-obras. Já, entre advogados, se o chefe do departamento jurídico determinar que o empregado pratique ato processual que aos olhos deste é ato errado, não haverá justa causa.

O direito de resistência também é assegurado ao empregado quando o empregador pede a realização de serviços proibidos por lei.

Quanto a este problema, sustenta Wagner Giglio: "Assim é que o médico, o engenheiro, o contador e o advogado, para só citar alguns profissionais, têm reguladas por lei sua atividade. Têm esses profissionais a obrigação, em decorrência, de recusar obediência a ordem de su-

---

7. Ob. cit., p. 196.

perior hierárquico contrária à lei, ou que reputem tecnicamente errada, pois pelas conseqüências do erro técnico serão tais empregados pessoalmente responsabilizados. O descumprimento de ordens superiores, nesses casos, não poderá ser tido sequer como ato faltoso".[8]

E, continuando, o mesmo autor informa: "É o caso, por exemplo, do médico que recebe ordem de não tratar de determinado empregado ferido em acidente do trabalho (a omissão de socorro está prevista como crime no art. 135 do CP), ou do engenheiro empregado de firma construtora a quem é ordenada a feitura de prédio sem as condições técnicas de segurança etc. A recusa em obedecer a tais ordens se impõe e não pode configurar as justas causas em estudo".[9]

Igualmente, não constituirá justa causa a recusa do empregado em cumprir ordens durante as férias. Neste sentido é o seguinte julgado: "Indisciplina — Não caracterização. Empregado que desatende a convocação do empregador para interromper seu período de férias não comete falta grave" (TRT-13ª R., RO 580/90, ac. 2.246, 16.8.89, rel. Juiz Gérson Monteiro da Silva, *LTr* 54-3/358).

Ora, se, durante as férias, o contrato de trabalho encontra-se interrompido, o julgado acima mostra total justiça, além do quê não tem o empregado obrigação legal de interromper suas férias para atender ao empregador.

Na mesma linha, ou seja, da não ocorrência da justa causa, é o caso de o empregado não atender às ordens durante seu horário de almoço. Todavia, neste caso, não há que se falar de insubordinação. Por outro lado, o empregado poderá cometer atos de indisciplina, por exemplo, se existir proibição de fumar no refeitório da empresa, de ser obrigatório o uso de crachá nesse mesmo local, e o empregado não atender a estas determinações.

Veja-se, a respeito, esta decisão: "Se o ato de indisciplina, cometido pelo empregado em hora de folga, no alojamento, não se reveste de gravidade, desproporcionada é a sua dispensa, com base no art. 482, "h", da CLT" (ac. do TRF, 3ª T., proc. RO 5.439, rel. Min. Carlos Madeira, proferido em 18.8.91, *Dicionário de Decisões Trabalhistas,* 18ª ed., Calheiros Bonfim).

Tem, ainda, o empregado o direito de não cumprir ordens quando o empregador quiser que execute tarefas alheias ao contrato.

8. Idem, p. 200.
9. Idem, ibidem.

Pode-se exemplificar com o caso de uma recepcionista que, em virtude de ter a faxineira faltado, recebe ordens do empregador para que limpe os banheiros do escritório. A recusa, se ocorrer, não implicará justa causa, pois se trata de uma ordem estranha ao contrato de trabalho.

Ilustra bem o aqui afirmado o seguinte acórdão: "Jus" resistência. Não pratica ato de insubordinação o empregado que recusa cumprir ordem do empregador contrária ao contrato de trabalho" (ac. do TRT-3ª R., 2ª T., broc. RO 2.352/80, rel. Juiz Orlando Rodrigues Sette, *Minas Gerais,* Parte II, 26.2.81, *Dicionário de Decisões Trabalhistas,* 18ª ed., 1982).

11.6 A influência do ambiente de trabalho

A respeito do assunto, Dorval de Lacerda ensina que "o trabalhador deve ser remunerado não só de acordo com as condições da empresa e atendida a sua produtividade, que são considerações de ordem privada, de modo a poder, com seu salário, satisfazer as necessidades fundamentais à sua pessoa e à sua família. Se não for, teremos o descontentamento, as dificuldades de vida, as preocupações de natureza familiar que fatalmente influirão, psicológica e organicamente, no trabalhador, determinando uma série de distúrbios funcionais e morais, que tornarão os seus atos reprováveis menos reprováveis e tanto menos quanto maiores forem aquelas influências maléficas".[10]

No exame de uma atitude indisciplinada ou insubordinada há de se atentar, portanto, para as condições de trabalho do empregado.

A exposição a ruídos durante muito tempo, a condução de veículos no trânsito de uma grande cidade, a carga de responsabilidade a que é submetido o empregado, tudo isso faz com que este se torne irritadiço, e muita vez ele se insurge contra uma determinação da empresa ou de superiores por mero reflexo explosivo.

Nestes casos, o ato único de indisciplina ou de insubordinação é justificável e não configura a justa causa.

11.7 A reiteração de atos de indisciplina

A indisciplina exige, para caracterizar a dispensa por justa causa, que os atos tenham sido reiterados e, ainda, que o empregador tenha aplicado sanções anteriores visando à correção do empregado.

---

10. Ob. cit., p. 70.

Não se justifica a dispensa do empregado quando, por exemplo, é surpreendido sem crachá, embora haja norma interna que determine o seu uso. Neste caso, é o empregado faltoso merecedor de advertência. Só a reincidência desse ato é que enseja a dispensa justa.

Usando do mesmo exemplo, se o empregado, admoestado pelo não-uso do crachá, recusa-se a colocá-lo, aí, sim, estará caracterizada a justa causa, mas por insubordinação.

Quanto à reiteração, afirma Lacerda: "Entretanto, pode ocorrer a repetição desse ato ou a existência de um conjunto de atos que, isoladamente, não constituem motivo bastante para a rescisão de contrato, mas tomados em seu todo podem configurar a falta grave. É a hipótese muito comum, aliás, da reincidência, da falta continuada ou sistemática. E, no caso, "o fato de o empregador suportar as faltas graves do empregado" (ou o complexo de faltas venais, digo eu) "não impede, em um dado momento, se determine, com a repetição de tais violações, uma verdadeira impossibilidade de continuação da relação. Por exemplo: uma falta de respeito do dependente para com o superior nem sempre constitui, por si só, justa causa; porém certamente constituirá a atitude sistematicamente desrespeitosa" (Bortolotto, *Diritto,* cit. p. 415)".[11]

Devem-se levar em conta, também, na apreciação da falta cometida, os antecedentes do empregado na vida funcional. Neste ponto, é clara a sustentação de Wagner Giglio: "Cumpre, por isso, examinar a vida pregressa funcional do infrator e apurar se a manifestação faltosa foi ocasional, excepcional, produto de situação anômala, vivida esporadicamente, ou se, ao contrário, se inclui numa longa série de atitudes indisciplinadas, a demonstrar o ânimo assente, a incompatibilidade medular do faltoso com suas funções na empresa. Nem seria preciso acrescentar que, no primeiro caso, a gravidade será muito menor do que no segundo, por razões óbvias, já repetidamente abordadas".[12]

11.8 Recusa em assinar uma advertência

Na vida prática, muitas vezes um empregado chega atrasado, comete um ato de desleixo, adota mau procedimento, falta sem justificativa, e o empregador, diante desses atos, resolve aplicar-lhe uma pena branda, por exemplo, uma advertência por escrito.

O empregado faltoso recusa-se a assinar a advertência. Pensa-se, comumente, que tal assinatura poderá trazer danos irreparáveis à vida

---

11. Idem, p. 87.
12. Ob. cit., p. 205.

profissional do empregado. Todavia, isto não é verdade. A assinatura na carta de advertência tem apenas o efeito de dar ao empregado ciência dos termos daquela. Seria a mesma coisa se a carta fosse enviada pelo correio com aviso de recebimento, ou pelo Cartório de Registro de Títulos e Documentos.

A recusa em colocar o seu "ciente" numa advertência, por exemplo, pela prática de brincadeiras inoportunas (mau procedimento) faz com que o empregado cometa uma outra atitude grave. Essa recusa demonstra insubordinação.

Nestes casos, pode-se dispensar o empregado por justa causa?

Quem responde a esta pergunta é Délio Maranhão: "A recusa em apor o ciente em uma comunicação de suspensão não constituirá indisciplina se se tratar de um empregado de baixo nível intelectual, que possa, honestamente, supor que sua assinatura traduzirá concordância com a aplicação da pena, prejudicando-lhe o direito de reclamar em juízo. O mesmo ato, porém, não se compreenderá, sem o caráter de falta, se o empregado, pela sua condição, tiver plena consciência da extensão de sua desobediência".[13]

Neste sentido é o seguinte julgado: "A recusa em apor o ciente em uma comunicação de suspensão, empregado de baixo nível intelectual que possa supor que a sua assinatura lhe prejudicará o direito de reclamar em juízo, não constituirá indisciplina" (ac. do TRT-9ª R. n. 1.253/79, proc. 458/79, rel. Juiz Wagner Giglio, *Justa Causa*, Wagner Giglio, LTr, 1986, p. 210).

---

13. *Instituições de Direito do Trabalho*, v. I/551.

12

ABANDONO DE EMPREGO

12.1 Considerações iniciais. 12.2 Ausência injustificada: 12.2.1 Ausência para cuidar de ente querido — 12.2.2 Ausência do empregado doente mental. 12.3 Empregado que recebe alta médica. 12.4 Abandono e aviso prévio. 12.5 Abandono e greve. 12.6 Abandono de emprego e força maior. 12.7 Ônus da prova.

12.1 Considerações iniciais

O abandono de emprego é, sem dúvida, a justa causa mais conhecida dos trabalhadores, e, não raras vezes, os empregados crêem que somente o abandono de emprego é que constitui justa causa. É que a principal obrigação do empregado no contrato de trabalho é, efetivamente, prestar o serviço.

Abandono é o ato ou efeito de abandonar, e este significa deixar, largar; desamparar; destituir de; menosprezar.

Emprego é o cargo em atividade privada de forma subordinada e com recebimento de salário.

Portanto, o abandono de emprego é a desistência voluntária do empregado de cumprir a sua parte no contrato de trabalho.

Para a caracterização do abandono de emprego são necessários dois requisitos: o elemento material e o elemento psicológico ou intencional.

O elemento material é simplesmente a ausência injustificada do emprego.

A jurisprudência fixou em trinta dias o prazo para a caracterização do elemento material.

Russomano explica o porquê do trintídio: "Os juristas procuram explicar a fixação do prazo, feita pela jurisprudência, sob os ventos da analogia, lembrando que é esse o prazo máximo para pagamento dos salários, para suspensões disciplinares, para o ajuizamento do inquérito após o afastamento do trabalhador, para o cálculo do aviso prévio etc. Toda essa analogia, entretanto, nos parece forçada e inaceitável. A jurisprudência, cremos, fixou esse prazo diante da necessidade inadiável de estipular o espaço de tempo após o qual estaria revelado o intuito do empregado de não mais voltar ao trabalho. Preferiu adotar o período de trinta dias, certamente, pela influência e pelo papel que o mês ocupa no calendário, pois de trinta dias é o mês comercial".[1]

O elemento intencional está implícito no elemento material, pois, como ensina Russomano, "não se admite que não tenha o intuito de deixar o cargo aquele que, por prazo superior a trinta dias e sem motivo justo, não vai trabalhar".[2]

O exame do elemento intencional é importante na análise das ausências inferiores a trinta dias. O exemplo clássico é o do empregado que, ausentando-se do emprego por cinco dias, vá trabalhar para outro empregador. Aqui, o elemento intencional faz presumir o abandono.

12.2 Ausência injustificada

O não comparecimento ao trabalho é a principal condição para a caracterização do abandono. Mas, como propõe o título acima, o não comparecimento deverá ser injustificado.

Cumpre ressaltar que poderá ocorrer um motivo justo e, mesmo assim, ficar caracterizado o abandono: isto se dará se o empregado não comunicar a razão ao empregador.

Logo, tem o empregado obrigação de comunicar à empresa qualquer fato, legalmente permitido, que o impeça de trabalhar.

Se, na ocorrência de doença, o empregado se ausentar do serviço por longo tempo, não avisando o empregador, poderá ocorrer a dispensa por justa causa. E não há que se falar em ausência da vontade de abandonar o emprego, pois quem tem vontade de manter seu emprego comunica ao empregador o motivo de sua ausência.

Deve-se esclarecer que a ausência por motivo de doença deve romper a barreira dos trinta dias. Neste sentido é o seguinte julgado: "Rescisão do contrato de trabalho — Justa causa — Abandono de emprego não caracterizado. Restando provado nos autos que a falta ao serviço se deu por motivo de doença e em prazo inferior a trinta dias, não há como identificar-se na conduta do reclamante o abandono de emprego, concluindo-se pela ausência da justa causa da despedida, com a conseqüente condenação do pagamento dos direitos trabalhistas ao recla-

1. *O Empregado e o Empregador no Direito Brasileiro*, p. 366.
2. Idem, p. 367.

mante, da parte da reclamada. Parcial provimento ao recurso ordinário para excluir da sentença a condenação das verbas em honorários advocatícios" (TRT-5ª R., ac. un. da 2ª T., publ. 22.3.91, RO 388/90-PE, rel. Juiz Petrúcio Ferreira, ECT x Agnaldo Vicente da Silva).

Délio Maranhão leciona, quanto à matéria, nos seguintes termos: "Havendo justo motivo para o não comparecimento do empregado, claro está que faltará o elemento da voluntariedade para caracterizar o abandono. Impõe-se, no entanto, que o empregado comunique esse motivo ao empregador. Do contrário, decorridos os trinta dias de tolerância, este terá o legítimo direito de considerar objetivamente configurado o abandono. E tendo o empregado concorrido, culposamente, para isso, nada poderá reclamar em virtude de resolução do contrato", pois "o empregador não tem obrigação de adivinhar por que o empregado não comparece ao trabalho. Por outro lado, esse comparecimento é obrigação do empregado. Se um motivo justo o impede de cumpri-la, cabe-lhe, portanto, fazer a devida comunicação, sob pena de o empregador traduzir o silêncio como manifestação da vontade de abandonar o emprego".[3]

Para justificar sua ausência, deverá o empregado usar de meios eficazes.

Imagine-se que o empregado se encontre doente e peça a um colega que comunique ao empregador. Este colega, por qualquer motivo (esquecimento, maldade etc.), não faz a comunicação; ocorre a justa causa, pois o empregador não tomou conhecimento do fato.

12.2.1 Ausência para cuidar de ente querido

Delicado o problema que se estudará neste ponto. Delicado do ponto de vista humanitário, e não do jurídico.

Suponha-se que a mãe se ausente do serviço para cuidar de grave enfermidade do filho. Se, após longo período (mais de trinta dias), ela retorna ao emprego, sem ter avisado a tempo os motivos de sua ausência, estará configurada a justa causa.

E se a ausência foi comunicada? Neste caso, existe a falta do ânimo de abandonar. Logo, não constituirá a justa causa de abandono de emprego, mas poderá caracterizar outra justa causa, como desídia ou mau procedimento.

3. Cit. por Wagner Giglio, *Justa Causa*, p. 225.

12.2.2 Ausência do empregado doente mental

A ausência prolongada do empregado comprovadamente portador de doença mental não caracteriza justa causa. Neste caso, há a falta do elemento intencional, ou seja, o ânimo de abandonar, uma vez que o empregado portador de enfermidades mentais não é senhor absoluto de suas ações.

A jurisprudência tem-se firmado no sentido dessa opinião:

"Trabalhista — Abandono de emprego — Descaracterizado — Reintegração. Não se caracteriza o abandono de emprego quando o empregado deixa de comparecer ao serviço por ser portador de doença mental. Ademais, não basta a ausência continuada e imotivada ao serviço para configurar a falta grave de abandono, é indispensável também o "animus abandonandi" (TFR, RO 6.991 — BA, Fláquer Scartezzini).

"Trabalho — Abandono de emprego — Doença mental. A ausência ao serviço não caracteriza abandono do emprego se pericialmente comprovado que causada por doença mental do empregado" (TFR, RO 9.066-RN, Assis Toledo).

12.3 Empregado que recebe alta médica

Muitas vezes, um empregado fica afastado do trabalho por longo período por determinação médica. Nestes casos, não há justa causa, desde que seja o fato comunicado ao empregador. De acordo com a lei, o empregador arca com os salários do enfermo até o 15º dia de afastamento. Após este período, o empregado recebe do órgão da Previdência Social (INSS).

Para retornar ao serviço o empregado tem que passar por uma perícia médica. Ocorre, em certos casos, que o empregado recebe alta e mesmo assim não retorna ao trabalho, por não se sentir apto para tal. O empregado pode interpor recurso administrativo contra a decisão do médico do órgão previdenciário.

Poderá ocorrer que a decisão primitiva do órgão previdenciário seja mantida, mas neste período o empregado não trabalhou, isto é, não retornou ao emprego.

Como fica a situação? O Enunciado 32 do TST responde a esta pergunta: "Configura-se o abandono de emprego quando o trabalhador não retornar ao serviço no prazo de trinta dias, após a cessação do benefício previdenciário, nem justificar o motivo de não o fazer".

Veja-se o seguinte acórdão sobre o tema: "Rescisão do contrato de trabalho — Abandono de emprego — Empregado estável — Inquéritos judiciais e administrativo. Demonstrada, a prova dos autos, colhida em inquéritos administrativo e judicial, a intenção do empregado estável em não retornar ao trabalho, condicionando sua volta, ilegitimamente, ao abono, pela reclamada, dos sete meses de ausência, porque não lograra obter do INPS a prorrogação das licenças médicas, procede a despedida por falta grave, nos termos do art. 482, "i", da CLT e da Súmula 32-TST. Indevidas as verbas pleiteadas na reclamação trabalhista, prejudicadas em parte pela configuração da falta grave, e em parte ante o afastamento do empregado por longo período. Recurso do INPS provido para julgar-se procedente o inquérito judicial, com a decretação da rescisão do contrato de trabalho, e improcedente a ação reclamatória" (TRF-1ª R., ac. un. da 1ª T., publ. 30.4.90, RO 89.01.10028-2-PI, rel. Juiz Aldir Passarinho, DNER x Francisco Marques Pereira).

12.4 Abandono e aviso prévio

Prescreve o art. 489 da CLT:

"Dado o aviso prévio, a rescisão torna-se efetiva depois de expirado o respectivo prazo, mas, se a parte notificante reconsiderar o ato, antes de seu termo, à outra parte é facultado aceitar ou não a reconsideração.

"Parágrafo único. Caso seja aceita a reconsideração ou continuando a prestação depois de expirado o prazo, o contrato continuará a vigorar, como se o aviso não tivesse sido dado."

Portanto, a rescisão do contrato de trabalho só se dá após o término do prazo do aviso.

Veja-se o seguinte julgado: "Pré-avisado, o empregado deve cumprir o aviso prévio trabalhando com jornada reduzida. Não mais comparecendo ao serviço, caracteriza-se o abandono de emprego" (ac. un. do TRT-8ª R., proc. RO 1.341/81, rel. Juiz Durval Israel, proferido em 9.12.81).

Muitas vezes, o empregado, após ser pré-avisado da dispensa, perde o ânimo de continuar a prestar serviço por mais trinta dias. Tal desânimo se dá por vários motivos, entre eles, até, a vergonha perante os colegas de trabalho. Ocorre, então, que o empregado não se interessa em cumprir o prazo do aviso e ausenta-se do serviço.

Diz o art. 491 da CLT: "O empregado que, durante o prazo do aviso prévio, cometer qualquer das faltas consideradas pela lei como justas para a rescisão perde o direito ao restante do respectivo prazo".

Wagner Giglio entende estar caracterizado o abandono, sendo que o empregado perderá não só o direito à remuneração do restante do prazo do aviso como também o direito à indenização de permanência, mas não poderá ser retido pelo empregador o salário dos dias trabalhados.[4]

O tão citado Mestre, em sua brilhante obra, neste ponto olvidou-se de mencionar e analisar, "data vênia" o Enunciado 73 do TST, que diz: "Falta grave, salvo a de abandono de emprego, praticada pelo empregado no decurso do prazo do aviso prévio, dado pelo empregador, retira àquele qualquer direito a indenização".

Quem bem analisou a matéria foi Russomano. Ensina o Mestre gaúcho:

"O princípio medular da Súmula é perfeitamente correto: o trabalhador faltoso perde o restante do prazo do aviso prévio — como diz a lei — e perde, também, o direito à indenização, como esclarece, por via interpretativa, a Súmula.

"Mas, ao mesmo tempo, a formulação do Tribunal Superior contém dois enganos:

"a) Limita os efeitos de sua exegese ao fato de ter sido o aviso prévio dado pelo empregador. Na verdade, o art. 492 não contém essa limitação.

"b) Exclui as hipóteses de abandono de emprego, caso em que o trabalhador, recebendo o aviso prévio do empresário, pode deixar "ex-abrupto" o serviço. Também essa distinção não tem razão de ser, porque o art. 491 se refere, genericamente, a "qualquer das faltas consideradas pela lei como justa causa".

"No primeiro caso, a Súmula 73 confundiu a regra do art. 491 com a norma do art. 490. No segundo, feriu a lei, distinguindo onde esta não distingue."[5]

12.5 Abandono e greve

A greve é a suspensão coletiva e temporária do trabalho pelos empregados, e visa à melhoria das condições de trabalho, inclusive salários.

---

4. Ob. cit., p. 234.
5. *Comentários à Consolidação das Leis do Trabalho*, v. I/592.

Portanto, dentro das condições acima, a greve não caracteriza abandono de emprego, mesmo que venha a ser julgada ilegal. É um exemplo claro de falta do elemento intencional: "Greve ilegal — Participação pacífica — Inexistência da justa causa. A simples participação pacífica em greve declarada ilegal pelo TRT não constitui, por si só, falta grave para despedida do trabalhador. Aplicação do art. 26 da Lei 4.330/64" (TRT-SP, 0285027257-9, Floriano Corrêa, ac. 1ª da T. 7.499/87).

12.6 Abandono de emprego e força maior

A força maior, como motivo de ausência do empregado ao serviço, justifica-a: "Motivo de força maior seria, pois, todo o acontecimento inevitável, em relação à vontade do empregado, e para a realização do qual este não concorreu, direta ou indiretamente".[6]

São exemplos de ausência por motivos de força maior: o empregado que, em viagem de férias, sofre naufrágio e se instala numa ilha deserta, sem comunicação com a civilização, ou o empregado que sofre acidente aéreo, por exemplo, de um avião que caia na floresta amazônica, ou nos Andes (como já ocorreu com avião uruguaio, e que foi narrado em livro e filme); o empregado que é seqüestrado, e, por fim, o exemplo clássico na doutrina, que é o do empregado preso para averiguações.

Em todos os exemplos acima, é claro de se notar que em nenhum deles há culpa do empregado. Existe a impossibilidade de o empregado comunicar sua ausência ao empregador. Nestes casos, mesmo ausentando-se por mais de trinta dias do serviço, não está caracterizada a justa causa.

Interessante e oportuna a lição de Jean Vincent, citado por Dorval de Lacerda:[7] "O que importa em qualquer caso considerar é que a força maior acarreta, quaisquer que sejam as circunstâncias que envolvam a sua aparição, uma resilição temporária de pleno direito, suspensões do contrato. Libera o devedor da prestação tornada impossível de ser prestada; a outra parte fica, igualmente, liberada, pela aplicação da teoria em causa".

Dos exemplos dados acima, parece que, na atualidade, o melhor deles é o do seqüestro. A doutrina não trata desta figura do Direito Pe-

6. Dorval de Lacerda, *A Falta Grave no Direito do Trabalhador*, p. 47.
7. Idem, p. 48.

nal, mas que é muito real nos dias de hoje. Se um empregado for seqüestrado e só for libertado após, por exemplo, noventa dias, não poderá estar caracterizada a justa causa, além do quê seria desumana a imposição de pena trabalhista a um empregado que passou por tão grande sofrimento.

A doutrina cita o exemplo do empregado que é preso para averiguações. Mesmo neste, não se pode falar em justa causa, ainda que a prisão se dê, logicamente, por mais de trinta dias. E a jurisprudência é pacífica há anos nesse sentido:

"Não há que se falar em abandono de emprego quando o afastamento do empregado se deu em virtude de sua detenção, máxime quando se apresenta ao serviço imediatamente após ter sido solto" (TRT-2ª R., proc. 6.166/66, ac. n. 2.071/68, j. 11.6.68, DOE 11.7.68, rel. Juiz Hélio T. Fonseca (aposentado), Monitor Trab., janeiro/69).

"Ausência do serviço por motivo de prisão não justifica despedida por falta grave, desde que não configurada a intenção de abandonar o emprego. Houve motivo poderoso para o não comparecimento do empregado ao serviço, justificada a sua ausência pela prisão decorrente de crime cometido em legítima defesa, o que, aliás, não é preponderante para o deslinde da controvérsia. O essencial é saber se a ausência foi intencional. Há necessariamente, que considerar se houve imperativo superior à vontade do empregado para não comparecer ao serviço. E, na hipótese em tela, houve. E tanto assim que, solto, compareceu imediatamente à empresa, para reiniciar suas atividades" (rev. do TST, 2ª T., proc. 2.338/70; j. 10.8.71, rel. design. Min. Jeremias Marrocos, Ementário Trab., janeiro 72).

"Não se caracteriza abandono de emprego se o trabalhador esteve afastado do serviço por encontrar-se preso" (TRT-2ª R., proc. 4.964/72, 6.11.72; DOE 28.11.72; 2ª T., rel. juiz Nélson V. Nascimento, Monitor Trab., janeiro/73).

"Não caracteriza abandono de emprego, por carência do imprescindível "animus", a ausência do empregado por motivo de prisão, notadamente se, relaxada esta, apresenta-se imediatamente à empregadora" (TST-Pleno, Embs. no proc. 2.338/70, j. 8.11.72, rel. Min. Vieira de Mello, Ementário Trab., fevereiro/73).

12.7 Ônus da prova

O ônus da prova do abandono pertence ao empregador. Aliás como em toda justa causa, é sempre do empregador o ônus de prová-la.

Neste sentido são os seguintes julgados:

"Trabalhista — Demissão por justa causa. A prova da justa causa é ônus do empregador. Se tal prova não é produzida a contento, é de ter-se por injusta a despedida" (TFR, RO 8.817-RS, Costa Leite).

"Ao sustentar a ocorrência de abandono de emprego, fato, este, obstativo ao direito do empregado à percepção de verbas rescisórias, a reclamada chamou para si o ônus probatório. Como não há prova do abandono, que resta descaracterizado até mesmo pelos documentos juntados, devidas são as parcelas rescisórias" (TRT-PR, RO 2.846/86, Euclides Rocha, ac. da 2ª T. 1.364/87).

No caso do abandono, a jurisprudência, durante alguns anos, entendeu que o empregador provava o abandono de emprego com publicação de editais de chamamento em jornais. Recentemente, ainda vemos tais exemplos jurisprudências: "Abandono de emprego — Faltas ao serviço — Convocação pelos jornais. Não pode prosperar a alegação de não estar caracterizado o abandono de emprego se o empregado faltoso ao serviço desatente à convocação feita pela imprensa em dias repetidos" (TRT-2ª R., ac. un. da 3ª T., de 24.11.87, RO 15.781/86, rel. Juiz Ney Prado, Antônio Monteiro Serra x Casa de Carnes Chega Mais Ltda.).

Mas a jurisprudência tem-se firmado no sentido de que só os editais não comprovam a justa causa:

"Abandono de emprego. Para a sua comprovação não basta que o empregador publique anúncio em jornal, concitando o empregado a retornar ao emprego, em expediente unilateral que configuraria no máximo um indício, sendo mister que o interessado no esclarecimento do fato se desincumba de forma cabal do ônus da prova que pende sobre seus ombros" (TRT-3º R., RO 2.710/79, rel. Juiz Gabriel de Freitas Mendes, publ. 19.5.80, *DJ* 21.5.80 p. 29, *Decisório Trabalhista).*

"Não se justifica a publicação de edital chamando o empregado de volta ao emprego, possuindo este endereço certo. Mesmo porque dificilmente um empregado de baixa renda tem condições de comprar os jornais de grande circulação. Abandono de emprego que não se caracterizou" (TRT-6ª R., 1ª T., RO 890/84, *LTr* 49-7/845).

13

OFENSAS FÍSICAS

13.1 Enquadramento legal. 13.2 Ofensas físicas. 13.3 Ofensas físicas praticadas em serviço. 13.4 Ofensas físicas praticadas fora do serviço. 13.5 Agressão ao empregador e aos superiores hierárquicos. 13.6 Legítima defesa: 13.6.1 Legítima defesa putativa. *13.7 A necessidade da intenção. 13.8 A tentativa. 13.9 Ofensas físicas durante a suspensão ou interrupção do contrato de trabalho.*

13.1 Enquadramento legal

As ofensas físicas estão previstas nas alíneas "j" e "k" do art. 482 da CLT, assim redigidas:

"j) ato lesivo da honra ou da boa fama praticado no serviço contra qualquer pessoa, ou ofensas físicas, nas mesmas condições, salvo em caso de legítima defesa, própria ou de outrem;

"k) ato lesivo da honra e boa fama ou ofensas físicas praticadas contra o empregador e superiores hierárquicos, salvo em caso de legítima defesa, própria ou de outrem."

Ambas as alíneas trazem duas justas causas: atos contra a honra e boa fama e ofensas físicas.

Neste capítulo serão abordadas as ofensas físicas.

13.2 Ofensas físicas

Usa o Código Penal o termo "lesões corporais".[1]

Segundo Mirabete, "lesão corporal pode ser conceituada como a ofensa à integridade ou à saúde, ou seja, como o dano ocasionado à normalidade funcional do corpo humano, quer do ponto de vista anatômico, quer do ponto de vista fisiológico ou mental".[2]

A lei trabalhista diz somente ofensas físicas, sendo mais abrangente que a lei penal. Quer dizer, então, que qualquer ataque à pessoa já caracteriza a justa causa, mesmo que não ocorra a lesão corporal.

---

1. CP, art. 129: "Ofender a integridade corporal ou a saúde de outrem".
2. *Manual de Direito Penal*, v. 2/83.

E ainda nos informa Mirabete: "O núcleo do tipo é ofender a integridade corporal ou a saúde de outrem; incluindo, pois, toda a conduta que causar mal físico, fisiológico ou psíquico à vítima. A ofensa pode causar dano anatômico interno ou externo (ferimentos, equimoses, hematomas, fraturas, luxações, mutilações). Há normalmente derramamento de sangue, interno ou externo, mas não é ele indispensável à composição do tipo penal. Desnecessária é, também, a presença da dor exigida em legislação anterior. Por outro lado, a simples existência da dor não constitui o crime de lesão corporal, classificando-se a agressão física como contravenção de vias de fato".[3]

Basta, pois, para o Direito do Trabalho, a simples ofensa física: um empurrão, um tapa, uma cotovelada, um chute na canela, enfim, pequenos avanços na integridade física de outrem, para a caracterização da justa causa.

13.3 Ofensas físicas praticadas em serviço

A alínea "j" diz: ofensas físicas praticadas em serviço contra qualquer pessoa. Isto quer dizer que enseja a justa causa a agressão aos colegas, aos superiores, aos subordinados e aos proprietários da empresa, bem como às visitas e aos clientes.

Quanto às ofensas físicas em serviço não se exige sejam estas praticadas no exercício efetivo das funções. Devem ser entendidas como praticadas durante a jornada de trabalho, no local da prestação de serviço ou nas adjacências deste.

Afirma Wagner Giglio: "Realmente, não seria justo nem lógico que a agressão física ocorrida às portas ou próximo da entrada do estabelecimento, entre colegas de trabalho, por motivos ligados ao serviço, deixasse de ser punida por uma questão de centímetros ou de metro. Mesmo porque nem sempre o local de trabalho tem limites geográficos nítidos (atividades a céu aberto, numa pedreira, ou do vendedor pracista, do chofer de caminhão etc.). A influência do local de trabalho se espraia, ocorrendo o fenômeno da "irradiação" da zona do estabelecimento (...)".[4]

Portanto, as agressões praticadas nas imediações da empresa podem vir a tipificar a justa causa. A jurisprudência é titubeante:

"Desforço físico de dois simples empregados, fora do local e do horário de trabalho, não configura justa causa, a que alude o art. 482,

3. Idem, v. 2/85.
4. Justa Causa, p. 246.

"j" e "k" (ac. da 1ª T do TST n. 693/75, proc. RR 3.539/74, rel. Min. Coqueijo Costa).

"O poder disciplinar da empresa não se irradia além de seus portões, para tornar lícita a despedida de um empregado que, na via pública, embora nas proximidades do estabelecimento do empregador, após a jornada de trabalho, empenha-se em luta corporal com um companheiro de serviço, por questões pessoais" (ac. da TRT-9ª R., 29.11.77, proc. 684/77, relª. Juíza Carmen Ganem).

"Desentendimento entre empregados que chegam às vias de fato, provocando tumulto próximo ao portão de acesso do estabelecimento patronal, configura justa causa para o despedimento sem ônus. A despeito de se ter dado a ocorrência fora do estabelecimento, e de se dizer que já que houve repercussão no meio de trabalho, dada a proximidade do portão de entrada — a briga foi a poucos metros deste portão —, por onde têm acesso todos os operários, é de se ter como motivado o ato de dispensa. Vale acrescentar que isso aconteceu no máximo meia hora antes do início do expediente do turno em que trabalhariam as duas empregadas" (ac. do TRT-8ª R., proc. 695/79, relª. Juíza Lygia Oliveira).

Da mesma forma, o empregado que, ao chegar na empresa, estando a trocar de roupa no vestiário, preparando-se para o início da jornada, agredir alguém cometerá a justa causa.

Interessante é o exemplo dado por Lacerda: "Um camelô, com a série de cartazes que o identifiquem, vinculando-o a determinada empresa, que pratica, mesmo fora do estabelecimento, mas no início de suas funções, ato de ofensa contra qualquer pessoa está, como empregado ou representante da referida empresa, praticando um ato condenável e de descrédito, que irá refletir-se nesta última — deve tal ato ser capitulado na lei".[5]

Quanto à agressão a terceiros, o seguinte julgado vem comprovar que a mesma constitui justa causa: "Dá justa causa para rescisão do contrato de trabalho empregado que ofende fisicamente a terceiro em seu local de trabalho" (TRT-PA, RO 2.447/90, Marilda Coelho, ac. 1.211/91).

13.4 Ofensas físicas praticadas fora do serviço

E se as agressões a superiores hierárquicos se derem longe do local do serviço e fora dos dias e horário de trabalho? Neste caso, ocorrerá a justa causa.

---

5. *A Falta Grave no Direito do Trabalho*, p. 311.

Diz a alínea "k" do art. 482 da CLT: "k) ato lesivo da honra e boa fama ou ofensas físicas praticadas contra o empregador e superiores hierárquicos, salvo em caso de legítima defesa, própria ou de outrem".

Esta alínea supre a lacuna deixada pela alínea "j", pois está claro que as agressões a superiores hierárquicos, e até aos donos da empresa, mesmo fora do âmbito desta, incompatibilizarão o empregado com o serviço, haja vista o "clima" ruim que se instalará na empresa.

O que se vê, na prática, é a ocorrência de agressões a superiores hierárquicos em festas de "confraternização" das empresas. Os empregados deixam para "acertar as contas" com chefes nessas oportunidades.

13.5 Agressão ao empregador e aos superiores hierárquicos

A alínea "k", como visto, traz a previsão de ser justa causa a agressão ao empregador e aos superiores hierárquicos. A agressão ao empregador é a agressão contra o titular ou titulares da empresa, isto é, contra o empresário.

Wagner Giglio[6] afirma que houve engano por parte do legislador, e que o termo leva à conclusão de que este é a pessoa jurídica, a qual não pode sofrer ofensas físicas. Neste ponto, Lamarca[7] afirma, criticando Giglio: "Não incidiu em engano o legislador, como pensa Wagner; fez uso de uma palavra simples, na conceituação de uma justa causa difícil; evidentemente, na palavra "empregador" subentendem-se os sócios da empresa para a qual o obreiro trabalha; ou aqueles que, diretivamente, a representam. Nesse sentido é que se deve tomar o vocábulo "empregador"; o contrário seria a consagração da impunidade".

Mas quem são os superiores hierárquicos?

Dorval de Lacerda sustenta que "superior hierárquico é todo aquele, empregado ou não da empresa, que desfruta uma posição de comando em relação ao empregado que se objetiva. Não é, contudo, aquele que tem o comando eficaz, mas todo aquele que, por sua condição, pelo seu "status", é suscetível de comandar ou, pelo menos, que se encontre num nível funcional superior".[8] E continua: "(...) o pedreiro de uma empresa e o médico empregado dessa empresa não exercem a mesma profissão; um não tem, normalmente, possibilidade de comandar ou vir a comandar o outro; entretanto, a sua gradação hierárquica, nos quadros

---

6. Ob. cit., p. 248.
7. *Manual das Justas Causas*, p. 611.
8. Ob. cit., p. 311.

da empresa, é desigual; um deve ser entendido, para os efeitos legais, como superior do outro".

Wagner Giglio sustenta tese em contrário:

"Bastaria, aliás, a menção a superiores hierárquicos, pois essa expressão abrange também, como é óbvio, os titulares da empresa.

"Superiores, hierarquicamente, não são apenas os empregados mais categorizados, dirigentes da empresa e prepostos dos seus titulares, mas todos aqueles que têm poder de mando sobre outros empregados.

"Assim, são tipicamente superiores hierárquicos dos simples operários os mestres e contramestres, muito embora não possam ser classificados como dirigentes ou prepostos. Da mesma forma, é superior do seu ajudante o empregado que exerce as funções de oficial de uma determinada profissão, "v. g." o oficial marceneiro, com relação ao ajudante de marceneiro."[9]

O pessoal de escritório, notoriamente os de departamento pessoal, são também superiores hierárquicos dos operários.

"A empresa moderna assume a organização que se representa, graficamente, pela figura de uma pirâmide cuja base é composta pelos operários e trabalhadores não qualificados, contramestres e mestre, pelos subencarregados e encarregados, para ir se estreitando com os subchefes e chefes de setores, gerentes e diretores, culminando pela figura ou figuras dos titulares da empresa, ou empresários.

"Ora, o que determina o escalonamento hierárquico é o vínculo de subordinação existente entre o superior e seus comandados. Assim, cada superior tem seus próprios subordinados, exceção do titular da empresa, cujas ordens obrigam a todos os trabalhadores.

"Em decorrência, são superiores hierárquicos somente aqueles que ocupam posição mais elevada, com relação vertical a seus subordinados. Assim, o encarregado ou o chefe do almoxarifado, ou da seção de expediente, é superior hierárquico dos empregados desses setores, mas não o é com relação aos empregados de outras seções, como a de pessoal, por exemplo, porque nenhum vínculo de subordinação o une ao auxiliar de contador, para tomar um exemplo mais concreto.

"Em síntese: os superiores hierárquicos o são apenas com relação a seus subordinados, e não aos de outro superior".

Diferente é a opinião de Lacerda. Haverá a justa causa se a agressão se der a qualquer pessoa mais graduada dentro da empresa. Assim, se o chefe do departamento jurídico da empresa for agredido numa fes-

---

9. Ob. cit., p. 248.

ta de final de ano por um "office-boy", só porque este não nutre simpatias pelo advogado, haverá motivo de punição. Ou, ainda no exemplo do pedreiro e do médico, se este é agredido nas mesmas condições.

Portanto, comete a justa causa o empregado que agride qualquer outro empregado que exerça função superior à sua dentro da empresa.

13.6 Legítima defesa

Como diz a lei em ambas as alíneas, a legítima defesa, própria ou de outrem, descaracteriza a justa causa.

Diz a lei penal: "Entende-se em legítima defesa quem, usando moderadamente dos meios necessários, repele injusta agressão, atual ou iminente, a direito seu ou de outrem" (CP, art. 25).

São requisitos da legítima defesa: a) agressão injusta, atual ou iminente; b) direitos do agredido ou de terceiro, atacado ou ameaçado de dano pela agressão; c) repulsa com os meios necessários; d) uso moderado de tais meios; e) conhecimento da agressão e da necessidade de defesa (vontade de defender-se).

A ausência de qualquer dos requisitos exclui a legítima defesa.[10]

A agressão injusta é aquela contrária ao ordenamento jurídico. Se a agressão é legal, a defesa não pode ser legítima.[11]

Agressão atual é a presente, a que está acontecendo. Agressão iminente é a que está para acontecer.

Ensina Damásio:

"A reação do agredido é sempre preventiva: impede o início da ofensa ou sua continuidade, que iria produzir maior lesão.

"Não há legítima defesa contra a agressão passada ou futura. Se a agressão já ocorreu, a conduta do agredido não é preventiva, tratando-se de vingança ou comportamento doentio. Se há ameaça de mal futuro, pode intervir a autoridade pública para evitar a consumação."[12]

Legítima defesa poderá ser a própria ou a de outrem. A própria se dá quando o autor da repulsa é quem seria atacado, ou está em vias de sê-lo.

A legítima defesa de outrem se dá quando a repulsa visa a proteger terceiro.

---

10. Requisitos extraídos de Damásio E. de Jesus, *Direito Penal*, v. 1.
11. Por exemplo, um empregado que seja segurança de uma "boîte" e agrida um freguês indesejável. Esta agressão é justa, pois inerente à profissão do empregado.
12. Ob. cit., v. 1/336.

A repulsa deve utilizar apenas os meios necessários, e de forma moderada.

Quanto aos meios necessários, ensina Damásio:

"Somente ocorre a causa de justificação quando a conduta de defesa é necessária para repelir a agressão.

"Não há dificuldade quando o sujeito agredido se limita à simples defesa, como aparar o golpe com o braço. Neste caso, a conduta do agredido não constitui fato típico, não havendo problema em relação à antijuridicidade. A questão da necessidade surge na denominada legítima defesa ofensiva, isto é, quando o comportamento do agredido constitui fato típico.

"A medida da repulsa deve ser encontrada pela natureza da agressão em face do valor do bem atacado ou ameaçado, circunstâncias em que se comporta o agente e meios à sua disposição para repelir o ataque. O meio escolhido deixará de ser necessário quando se encontrarem à sua disposição outros meios menos lesivos. O sujeito que repele a agressão deve optar pelo meio produtor do menor dano. Se não resta nenhuma alternativa, será necessário o meio empregado. Como lembrava Nelson Hungria, não se trata de pesagem em balança de farmácia, mas de uma aferição ajustada às condições de fato do caso concreto. Não se pode exigir uma perfeita adequação entre o ataque e a defesa, desde que o necessário meio tinha de acarretar, por si mesmo, inevitavelmente, o rompimento da referida equação. Um meio que, à primeira vista, parece desnecessário não será tal se as circunstâncias demonstrarem sua necessidade "in concreto". Mezger, analisando o problema, ensina que não é exigida uma absoluta paridade entre ataque e defesa: em caso de necessidade, pode o agredido recorrer ao emprego dos meios mais graves, "v. g.", a morte do agressor para defender-se contra o ataque dirigido ao seu interesse juridicamente tutelado, ainda quando este último seja, por exemplo, um interesse patrimonial. Em tais hipóteses, o que é imprescindível é que o agredido não tenha à sua disposição um meio menos grave de repelir o ataque."[13]

E, quanto à moderação, continua o mesmo autor:

"O requisito da moderação na reação necessária é muito importante, porque delimita o campo em que pode ser exercida a excludente, sem que se possa falar em excesso.

"Encontrado o meio necessário para repelir a injusta agressão, o sujeito deve agir com moderação, isto é, não empregar o meio além do que é preciso para evitar a lesão do bem próprio ou de terceiro.

---

13. Idem, v. 1/337.

Caso contrário, desaparecerá a legítima defesa ou aparecerá o excesso culposo."[14]

13.6.1 Legítima defesa putativa

A legítima defesa putativa ocorre quando o agente supõe encontrar-se em face de agressão injusta.

O § 1º do art. 20 do CP diz que "é isento de pena quem, por erro plenamente justificado pelas circunstâncias, supõe situação de fato que, se existisse, tornaria a ação legítima. Não há isenção de pena quando o erro deriva de culpa e o fato é punível como crime culposo".

Imagine-se que um empregado receba ameaças de agressão por parte de um vizinho, e este é chamado para efetuar serviços de hidráulica na empresa. Ao ver o vizinho adentrar a empresa com um grifo nas mãos, o empregado — supondo estar em vias de ser agredido — arremessa um objeto sobre o visitante, fazendo com que este desmaie. Não ocorreu a justa causa. Trata-se de legitima defesa putativa.

Veja-se interessante acórdão que, mesmo com trinta anos, serve para ilustrar esse ponto de vista: "O recorrente matou a tiros um colega, no recinto de trabalho. Absolvido pelo Júri, porque agira em legítima defesa putativa, teve, entretanto, seu contrato de trabalho rescindido no Tribunal Superior, que entendeu que a legítima defesa só exclui a falta quando seja real. Recurso provido. O reconhecimento da legítima defesa putativa exclui a configuração da falta grave, para a dispensa do empregado estável, quando fundada somente no fato que a decisão do Júri considerou justificado. Se a legítima defesa exclui a criminalidade do ato, se torna juridicamente exculpável, pois impede que se imponha qualquer sanção criminal a quem assim procede, por que geraria outras conseqüências no âmbito do Direito do Trabalho, quando se trata, afinal, do mesmo ato? Como pode o mesmo ato ser legítimo e ilegítimo a um só tempo? (ac. do STF, 2ª T., 18.7.62, rel. Min. Víctor Numes Leal)".[15]

13.7 A necessidade da intenção

Sem o elemento intencional não há a justa causa. Poderá existir o ato, ou seja, a agressão, mas, se esta não vier acompanhada da intenção, não está caracterizada a justa causa. É o caso típico das "brincadeiras

---

14. Idem, ibidem.
15. Acórdão extraído de Dorval de Lacerda, ob. cit., p. 313.

de mão", próprias entre os trabalhadores mais rudes, como os encontrados nos armazéns de cereais, nos portos, na construção civil, etc. Nesses ambientes ocorrem brincadeiras que envolvem agressões, como "gravatas", chutes, empurrões e tapas. É a forma encontrada pelos empregados para se divertirem.

Sendo apenas brincadeiras aquelas agressões não constituem a justa causa. Poderão até configurar um mau procedimento, pois poderão criar ambiente impróprio para o trabalho sério.

13.8 A tentativa

É mister socorrer-se, aqui, mais uma vez, do Direito Penal.

Diz-se que há tentativa "quando, iniciada a execução, não se consuma por circunstâncias alheias à vontade do agente" (art. 14, II).

Note-se que a tentativa traz dois elementos: o início da execução e a não-consumação do ato por circunstâncias alheias à vontade do agente.

Atos preparatórios podem-se traduzir na ação de o agente tirar o relógio, fechar os punhos, pegar um objeto com intuito de arremessá-lo etc.

A não-consumação pode-se dar por circunstâncias alheias à vontade do agente. E "podem obstar o autor de prosseguir na realização da conduta atuando em certo sentido psicofísico, deixando incompleto o fato não somente objetiva, mas também subjetivamente, ou impedem seja completado o tipo por serem absolutamente alheias à sua vontade, não obstante tenha realizado todo o necessário para a produção do resultado".[16]

A causa mais comum de tentativa é a intervenção da "turma do deixa-disso", ou seja, aqueles colegas que impedem a consumação da agressão. Outro exemplo de tentativa é o arremesso de um objeto em alguém, que dele se desvia, não atingido. Em ambos os casos ocorre a justa causa, pois as conseqüências para o ambiente de trabalho são as mesmas da agressão consumada.

13.9 Ofensas físicas durante a suspensão ou interrupção do contrato de trabalho

A falta ocorrerá se a agressão se der durante a suspensão ou interrupção. Pode a agressão se efetuar durante as férias. O empregado vai

16. Damásio E. de Jesus, ob. cit., v. 1/288.

ao posto bancário dentro da empresa e, lá encontrando o chefe, agride-o fisicamente. Ou, durante afastamento por doença, agride um colega nas mesmas condições.

A agressão contra superior hierárquico efetivada durante a suspensão do contrato mesmo longe do local de trabalho, caracteriza justa causa.

14

ATOS CONTRA A HONRA E BOA FAMA

14.1 Conceitos. 14.2 Figuras penais: 14.2.1 Injúria real — 14.2.2 Exceção da verdade, retorsão, provocação e retratação. 14.3 Legítima defesa.

14.1 Conceitos

Serão tratadas neste capítulo duas figuras reputadas como justa causa, as quais, somadas às ofensas físicas, que foram estudadas no capítulo anterior, são as figuras elencadas nas alíneas "j" e "k" do art. 482 da CLT.

Na alínea "j" contempla-se a prática das faltas em serviço contra qualquer pessoa, e na alínea "k", a prática contra o empregador e superiores hierárquicos, sendo que, nestes casos, a falta existirá mesmo sendo cometida fora do serviço.

Os conceitos de faltas em serviço, empregador e superiores hierárquicos foram explicados no capítulo anterior, sendo que o que foi ali comentado serve também para a falta aqui estudada.

Os conceitos que precisam ser alcançados são o de honra e o de boa fama.

De início, deixar-se-á clara a existência de duas figuras faltosas. Quem bem mostra isso é Wagner Giglio.[1] A lei (alínea "j") diz: "ato lesivo da honra ou da boa fama". Logo, é claro que existem duas figuras, não obstante a alínea "k" dizer "ato lesivo da honra e boa fama".

Segundo os penalistas, a honra pode ser subjetiva ou objetiva.

A "honra subjetiva é o sentimento de cada um a respeito de seus atributos físicos, intelectuais, morais e demais dotes da pessoa humana. É aquilo que cada um pensa a respeito de si mesmo em relação a tais atributos. Honra objetiva é a reputação, aquilo que outros pensam a respeito do cidadão no tocante a seus atributos físicos, intelectuais, morais etc. Enquanto a honra subjetiva é o sentimento que temos a respeito de

---

1. *Justa Causa*, p. 264.

nós mesmos, a honra objetiva é o sentimento alheio incindindo sobre nossos atributos".[2]

Portanto, segundo os ensinamentos de Damásio, a boa fama seria a honra objetiva; e a honra mencionada pela lei trabalhista seria a honra subjetiva.

Mozart V. Russomano esclarece que "tudo quanto, por gestos ou por palavras, importar em expor outrem ao desprezo de terceiros será considerado lesivo da boa fama. Tudo quanto, por qualquer meio, magoá-lo em sua dignidade pessoal será ato contra a honra".[3]

14.2 Figuras penais

O Código Penal tipifica três crimes contra a honra: calunia,[4] difamação[5] e injúria.[6]

A calúnia (imputação falsa de fato criminoso a alguém) e a difamação (fato ofensivo à reputação da vítima) são exemplos de atos contra a boa fama.

A injúria (ofensa à dignidade ou ao decoro) é exemplo de ato contra a honra.

A calúnia exige que a imputação seja falsa. Se o agente atribui a terceiro a prática de crime que realmente ocorreu, inexiste a calúnia.

Leciona Damásio E. de Jesus:

"O elemento subjetivo do tipo do crime de calúnia é, em primeiro lugar, o dolo de dano. Pode ser direto, quando o sujeito tem a intenção de macular a reputação da vítima; e eventual, quando tem dúvida sobre a veracidade da imputação. Como veremos, o § 1º do art. 138 exige o dolo direto. Além disso, exige-se um elemento subjetivo do tipo, já estudado.

"E se o agente, agindo de boa-fé, supõe erroneamente que é verdadeira a imputação?

"Existe erro de tipo, que incide sobre o elemento normativo do tipo "falsamente". Neste caso, o sujeito não responde por calúnia em face da atipicidade do fato, causada pela ausência do dolo."[7]

---

2. Damásio E. de Jesus, *Direito Penal — Parte Especial*, v. 2/215.
3. *Comentários à Consolidação das Leis do Trabalho*, v. 1/564.
4. CP, art. 138: "Caluniar alguém, imputando-lhe falsamente fato definido como crime".
5. CP, art. 139: "Difamar alguém, imputando-lhe falsamente fato ofensivo à sua reputação".
6. CP, art. 140: "Injuriar alguém, ofendendo-lhe a dignidade ou o decoro".
7. *Ob. cit.*, v. 2/230.

Informa, ainda, Damásio:

"Para a configuração do delito de calúnia é necessário que o sujeito atribua ao ofendido, falsamente, a prática de fato definido como crime. Se há atribuição de prática de contravenção não existe a tipicidade do fato como calúnia, subsistindo o delito de difamação.

"Constitui calúnia chamar alguém de "ladrão"?

"Não existe calúnia. O sujeito não esta atribuindo à vítima a prática de nenhum fato, mas lhe atribuindo qualidade negativa. Trata-se de injúria. Na dúvida sobre a existência de fato determinado, que configura calúnia, ou de qualidade negativa, que se insere na descrição da injúria, o intérprete deve orientar-se pelo delito de menor gravidade (injúria).

"Não constitui calúnia a imputação de fato inverossímil, como, "v.g.", ter a vítima furtado o sol. Pode haver, no caso, injúria disfarçada."[8]

A calúnia consuma-se quando a imputação chega ao conhecimento de um terceiro que não a vítima.

Veja-se o seguinte acórdão: "Rescisão do contrato de trabalho — Justa causa — Ofensa à honra de colega. Se a empregada acusa colega de serviço de prática de ilícito criminal, que consiste em adulterar atestado médico com o intuito de prejudicá-la, dá ensejo a dispensa por justa causa quando comprovado através de perícia grafométrica, não impugnada pela autora, que a imputação não é verdadeira. A falta grave está capitulada na alínea "j" do art. 482 da CLT" (TRT-10ª R., ac. un. da 1ª T., publ. 24.9.87, RO 3.171/86, rel. Juiz Bertholdo Satyro, Márcia Andréa Miquelino x M. L. Souza e Cia. Ltda.).

Já, na difamação não existe a imputação de fato definido como crime; o fato é meramente ofensivo à reputação do ofendido.

A difamação também se consuma quando um terceiro, que não o ofendido, toma conhecimento da imputação ofensiva à reputação.

A injúria é a ofensa à dignidade ou ao decoro.

"Dignidade é o sentimento próprio a respeito dos atributos morais do cidadão. Decoro é o sentimento próprio a respeito dos atributos físicos e intelectuais da pessoa humana."[9]

Na injúria não existe a atribuição de fato, mas sim de qualidade negativa do sujeito passivo.

---

8. Idem, v. 2/231.
9. Damásio E. de Jesus, ob. cit., v. 2/243.

14.2.1 Injúria real

O art. 140, § 2º, do CP define que a injúria real é aquela consistente em violência ou vias de fato, que, por sua natureza ou pelo meio empregado, se considerem aviltantes.

Como se vê, a lei diz violência ou vias de fato. Por violência entende-se a lesão corporal prevista no art. 129 do CP.[10] Vias de fato são as agressões cometidas sem que importem lesão corporal.

Ensina Damásio E. de Jesus: "O emprego de vias de fato ou violência, por sua natureza ou pelo meio empregado, deve ser aviltante. Exemplos de vias de fato ou violências desonrosas por sua natureza: bofetada; rasgar o vestido de uma mulher; levantar as saias de uma senhora; arrancar um fio de barba de um velho com intenção ultrajante; cavalgar a vítima; virar o paletó do ofendido pelo avesso; pintar o rosto de alguém com piche (Nélson Hungria). Exemplos de vias de fato ou violência aviltantes pelo meio empregado: bater em alguém com um rebenque; atirar-lhe excremento (Nélson Hungria). Nos casos, é imprescindível o "animus injuriandi", isto é, a intenção de humilhar".[11]

Como visto no capítulo anterior (ofensas físicas), qualquer agressão, cause ou não lesão corporal, constitui a justa causa ali estudada. E, quanto aos exemplos acima propostos, se cometidos por um empregado no ambiente de trabalho, poderão caracterizar outras justas causas, como o mau procedimento.

Portanto, a injúria real no campo do Direito do Trabalho não caracteriza a ofensa à honra, mas poderá caracterizar outras justas causas previstas no art. 482 da CLT.

14.2.2 Exceção da verdade, retorsão, provocação e retratação

Exceção da verdade é a prova da veracidade do fato alegado e imputado a alguém. Conforme foi estudado, na calúnia deve haver a falsa imputação de fato criminoso. Se este existiu, não há o crime e, conseqüentemente, não há a falta trabalhista.

Na difamação não há necessidade de a imputação ser falsa. Logo, mesmo sendo verdadeira a imputação, o agente comete o crime. Excepcionalmente, a lei permite a prova da verdade, na difamação, quando

---

10. CP, art. 129: "Ofender a integridade corporal ou a saúde de outrem".
11. Ob. cit., v. 2/247.

esta é dirigida a funcionário público, desde que, é lógico, haja relação entre a ofensa e o exercício das funções do servidor.

Portanto, se houver a difamação de um funcionário público dentro do ambiente de trabalho, por exemplo, um fiscal do trabalho que visite uma empresa, se o empregado imputar-lhe a prática de atos indecorosos no exercício da função de fiscal, o empregado não cometerá crime nem a justa causa. Se, todavia, a imputação se der à prática de atos indecorosos fora do exercício do cargo, comete o agente o crime e incide na falta trabalhista.

A injúria não admite a exceção da verdade.

A retorsão imediata, no caso da injúria, isto é, ofensas recíprocas, permite ao juiz penal a concessão do perdão judicial.[12]

Quanto à retorsão, afirma Damásio que o fundamento está em que as partes, ofendendo-se reciprocamente, já se puniram.[13] A retorsão deve ser imediata, isto é, uma sucessão instantânea de injúrias.

No caso da retorsão, na apreciação da falta trabalhista, hão que se analisar alguns pontos.

Segundo Lacerda, "a retorsão equipara-se à provocação, ou, melhor: a provocação é a razão da retorsão. A provocação é o ato pelo qual alguém estimula ou excita a natural suscetibilidade de outrem, ofendendo-o por palavras ou meios materiais, de modo a suscitar nele o despeito ou cólera que se manifesta pela reação: pois a base da atenuante, que protege quem reage à provocação, está na justa cólera suscitada pelo ataque injusto".[14]

E continua, baseando-se em Frola: "E isso porque, ainda segundo aquele insigne tratadista, não há quem deixe de sentir a grave diferença de responsabilidade moral entre aquele que, malignamente, por impulso próprio, recorre à injúria e aquele que, arrastado por outrem para o terreno do vilipêndio, se serve das mesmas armas usadas pelo adversário, levado a isso não tanto pela intenção de ofender, como pela intenção de desafrontar a reputação própria, repelindo o ataque".[15]

No campo trabalhista, a retorsão não descaracteriza a justa causa em estudo. Isto se dá porque o Direito do Trabalho visa a resguardar as boas relações de trabalho.

12. CP, art. 140, II: "No caso de retorsão imediata, que consista em outra injúria".
13. Ob. cit., v. 2/246.
14. *A Falta Grave no Direito do Trabalho*, p. 213.
15. Idem, ibidem.

Portanto, havendo injúria em retorsão, tanto em serviço quanto na hipótese prevista na letra "k" do art. 482, ocorrerá a falta de ambos os empregados.

A provocação do ofendido, segundo o Código Penal, autoriza ao juiz deixar de aplicar a pena.[16]

No campo do Direito do Trabalho, aplica-se o preceito contido na lei penal, pois, se ficar comprovado que o ato de injuriar se deu em resposta à provocação do ofendido, o juiz trabalhista poderá entender como não caracterizada a justa causa.

A provocação e a retorsão não se confundem. A primeira pode-se dar sem constituir injúria, como, por exemplo, o colega de serviço que zomba do paletó do injuriado; já, a retorsão é a reação com injúria a outra injúria.

A retratação está prevista no art. 143 do CP.[17] Consiste no "ato de desdizer-se, de retirar o que se disse. Por meio dela, o agente confessa o seu erro e, expressamente, volta atrás no que declarou".[18] Esta só é cabível nos crimes de calúnia e difamação.

Entretanto, no Direito do Trabalho não há a retratação. Isto se explica, pois o ambiente de trabalho, com o ato de calúnia ou de difamação, já fica deteriorado.

Esta é a opinião de Wagner Giglio: "No campo trabalhista, porém, não tem cabimento a retratação, pois a deterioração das relações entre o empregado e o empregador, resultante das ofensas proferidas, é irreversível. Assim, de nada aproveita ao empregado arrepender-se, e pretender se desculpar, retirando a ofensa irrogada, pois o mal já está feito, e a incompatibilização, criada".[19]

14.3 Legítima defesa

Tanto a alínea "j" quanto a alínea "k" do art. 482 dizem que não constitui justa causa se houver legítima defesa. Ocorre que a excludente da legítima defesa só se aplica às ofensas físicas, e não aos atos contra a honra e boa fama.

---

16. CP, art. 140, § 1ª: "O juiz pode deixar de aplicar a pena: I — quando o ofendido, de forma reprovável, provocou diretamente a injúria; II — no caso de retorsão imediata, que consista em outra injúria".

17. CP, art. 143: "O querelado que, antes da sentença, se retrata cabalmente da calúnia ou da difamação fica isento de pena".

18. Definição de Emeric Levai, "Retratação penal", *RePro* 21/143, 1981, "apud" Celso Delmanto, *Código Penal Comentado*, p. 243.

19. Ob. cit., p. 285.

JOGOS DE AZAR

15.1 Conceitos. 15.2 Fundamentos. 15.3 O jogo com finalidade de lucro. 15.4 Apostas e jogos de azar. 15.5 Jogos de azar permitidos por lei. 15.6 Jogos de azar e cargos de confiança.

15.1 Conceitos

O jogo, segundo Gaston Arexy, "é uma convenção pela qual uma ou várias pessoas procuram reciprocamente obter um ganho determinado, dependendo seja da destreza, seja da prática dos jogadores, seja somente da sorte ou azar".[1]

Mas a nossa lei diz constituir justa causa a prática constante de "jogos de azar".

Portanto, somente a prática de jogos de azar é que poderá caracterizar a justa causa.

Jogos de azar, segundo a lei penal,[2] são aqueles em que o ganho e a perda dependem exclusiva ou principalmente da sorte; as apostas sobre corridas de cavalo, fora do hipódromo ou de local onde sejam autorizadas, e as apostas sobre qualquer outra competição esportiva.

A prática de jogos de azar deverá ser constante; não caracteriza a justa causa aqui estudada a sua prática eventual.

15.2 Fundamentos

A prática do jogo de azar não tem relação direta com o serviço. A alínea em estudo (alínea "l" do art. 482 da CLT) alcança a prática constante de jogos de azar fora do ambiente de trabalho. Se a prática se der no ambiente de trabalho, uma única vez bastará para caracterizar justa causa (improbidade, mau procedimento ou indisciplina).

---

1. "Les jeux de hasard", *Droit Civil, Pénal et Administratif,* p. 11, "apud" Dorval de Lacerda, *A Falta Grave no Direito do Trabalho,* p. 225.
2. LCP, art. 50, § 3º.

Então, por que o legislador a inclui, quando mesmo praticado fora do ambiente de trabalho, entre os motivos justos para a dispensa do empregado?

Dorval de Lacerda dá a resposta: "O jogo praticado com habitualidade determina, como é sabido, distúrbios gravíssimos de natureza econômica, gera paixões ruinosas e acarreta, via de regra, a perda do sentimento moral. Não são raros os desfalques, os suicídios, o esquecimento da família, que, ainda mais, faz do jogador presa fácil para a prática dos demais atos faltosos, tais como especialmente a improbidade, a incontinência de conduta (e o jogo habitual já incide, por si mesmo, no conceito geral desta falta), a embriaguez etc."[3]

Logo, o que se vê é que o legislador outorgou ao empregador um meio de se livrar de um empregado viciado em jogos de azar, e que carrega, por isso, grande potencial de periculosidade.

Afirma Mozart Víctor Russomano: "Assim como o que rouba pode ser dispensado, por ato de improbidade; assim como o que bebe pode ser demitido, por embriaguez habitual ou em serviço —, assim também, aquele que joga sistematicamente autoriza o empregador a rescindir seu contrato de trabalho".[4] E continua: "Aquele que gaste suas horas de lazer e folga à beira das mesas da sorte, tentado e atraído pelo vício dos panos verdes, termina, fatalmente, por se transformar em mau empregado, sem realizar com correção suas tarefas, não mais convindo ao empregador mantê-lo em altos postos, especialmente em cargos de confiança".

Como a embriaguez habitual, a incontinência de conduta, a condenação criminal, também a prática de jogos de azar é um caso em que o comportamento da vida privada do empregado reflete na relação de emprego.

15.3 O jogo com finalidade de lucro

O que configura esta justa causa é a prática constante e com finalidade de lucro. Sem este elemento, a falta não se concretiza.

O jogo praticado com fins recreativos ou beneficentes não dá margem à caracterização da justa causa.

Dorval de Lacerda, a respeito do tema, leciona que "(...) um pressuposto necessário e imprescindível de jogo de azar, isto é, um elemento sem a presença do qual não se poderá falar, de modo algum, na exis-

---

3. Ob. cit., p. 236.
4. *O Empregado e o Empregador no Direito Brasileiro*, p. 372.

tência de tal falta trabalhista, é o empenho, no resultado do jogo, de dinheiro ou, de qualquer modo, a presença de perdas que tenham aspecto econômico. O jogo gracioso, mesmo com os pressupostos originários do jogo de azar, não é um jogo de azar. Assim, quem, por exemplo, joga na roleta, sem empenhar, em tal jogo, dinheiro ou bens seus ou de outrem, não está praticando um jogo de azar, conquanto seja o jogo da roleta, por depender exclusivamente da sorte, em princípio, um jogo de azar. É o que sustentam outros autores, e, entre eles, Gaston Arexy (ob. cit., p. 13): "É indiscutível que o Código não se preocupa dos jogos de azar senão quando comportam entradas, apostas ou abonos em espécie ou em natureza, eis que, caso contrário, não seriam eles nada mais que jogos recreativos".[5]

15.4 Apostas e jogos de azar

As apostas equiparam-se aos jogos de azar, uma vez que os apostadores dependem unicamente da sorte, pois não participam da obtenção do resultado, somente apostando sobre este.

Observa G. Frêrejouan du Saint: "Todo jogo de azar contém em si o germe de uma aposta, eis que o resultado depende de um acontecimento incerto, para o qual a vontade das partes não intervém".[6]

Exemplos de apostas são "bolões" de futebol, que consistem em apostar no resultado de partidas; apostas em corridas de carros, entre outras.

E Dorval de Lacerda conclui: "É evidente que os competidores, "v. g.", os jogadores do festejado futebol, não estão exercendo um jogo de azar, senão uma competição que depende da agilidade, do preparo físico e mesmo de uma certa vivacidade intelectual, mas aqueles assistentes que apostam, na vitória de um deles, quantias em dinheiro estão evidentemente arriscando na sorte, tanto mais que deles não depende, direta ou indiretamente, o resultado almejado".[7]

15.5 Jogos de azar permitidos por lei

Constitui justa causa a prática constante de jogos de azar permitidos por lei? A esta pergunta responde Jorge Severiano: "O fato de per-

---

5. Ob. cit., p. 242.
6. *Jeu et Pari au Point de Vue Civil, Pénal et Réglementaire*, Paris, 1983, "apud" Dorval de Lacerda, ob. cit., p. 242.
7. Ob. cit., p. 240.

mitir a lei o jogo de azar em determinados locais não lhe tira essa característica da exclusiva intervenção da sorte para o ganho ou para a perda".[8]

A lei, em alguns casos, autoriza a realização de certos jogos de azar. São exemplos as corridas de cavalo no hipódromo, as loterias estatais e, ainda, os bingos e tômbolas, com sorteio de prêmios. A prática destes jogos, autorizados por lei, não constitui contravenção penal. Mas a prática constante ensejará a justa causa.

A Sena, a Loto e a Loteria Federal são, do ponto de vista técnico, jogos de azar. A prática constante destes jogos poderá viciar. A partir do vício, o empregado poderá cometer deslizes na empresa, para auferir rendimentos a serem aplicados nos jogos.

Logo, no exemplo acima, a prática constante daqueles jogos pelo empregado constitui justa causa, mesmo não constituindo contravenção penal.

15.6 Jogos de azar e cargos de confiança

Na apreciação da justa causa há que se olhar com mais rigor o empregado que a praticou se este for exercente de cargo de confiança, ou exercente de cargos que envolvem contato direto com bens da empresa, tais como os cargos de caixa, comprador, responsável pelo departamento de contas a pagar etc. A estes empregados, o rigor na apreciação da falta praticada deverá ser maior do que quando a mesma falta é praticada por empregado menos qualificado.

Dorval de Lacerda diz: "Já, com os chamados cargos de confiança, especialmente aqueles que têm como pressuposto o manuseio com a guarda de bens da empresa, até mesmo o ato, sem a condição da habitualidade, pode gerar a falta grave. Por certo não se dirá, já que a lei fala em prática constante, que tal empregado incidiu na alínea "l", em exame, mas, tal seja a hipótese, como no caso de tesoureiro de banco, é sempre lícito argüir a existência de um ato de mau procedimento ou, mesmo, de indisciplina se o regulamento vedar, como, via de regra, no exemplo veda, a freqüência ou o simples comparecimento do empregado nas bancas de jogo público".[9]

---

8. *Dos Crimes e Infrações no Direito do Trabalho*, Rio, 1945, p. 167, "apud" Dorval de Lacerda, ob. cit., p. 243.
9. Ob. cit., p. 238.

E, quanto ao trabalhador mais humilde, assevera Lacerda: "Ora, como se falar na perda de confiança, assaz restrita, de um empregado de categoria humilde, um "capinador", para relembrar o exemplo dado no Capítulo dedicado à incontinência de conduta, que não tem responsabilidade nos destinos da empresa, que não tem cargo de gestão, nem de mando, cujo serviço é essencialmente braçal — se ele se compraz habitualmente com jogos de azar (o jogo chamado do "bicho", por exemplo), sem que isso traga, ou ameace trazer, à empresa o menor dano? Se não há dano, nem perigo de dano, não direi que não possa haver ou configura-se a falta grave — mas afirmo que o conceito desta, na hipótese particular que se encara, se restringe, de modo que só surge a falta quando o desmando, que ele encerra, se tornar patente e escandaloso".[10]

10. Idem, ibidem.

16

ATOS ATENTATÓRIOS À SEGURANÇA NACIONAL

16.1 Desenvolvimento legislativo. 16.2 Caracterização. 16.3 Procedimentos a serem adotados na apuração da justa causa.

16.1 Desenvolvimento legislativo

Esta justa causa foi inserida no art. 482 da CLT, através de parágrafo único, por força do Decreto-lei 3, de 27.1.66. Diz o parágrafo único: "Constitui igualmente justa causa para dispensa do empregado, a prática, devidamente comprovada em inquérito administrativo, de atos atentatórios à segurança nacional".

A inserção dessa justa causa "sui generis" explica-se pelo momento histórico que vivia o Brasil à época.

Como é notório, em 1964 sofreu o Brasil uma revolução, pela qual as Forças Armadas se alçaram ao poder, destituindo o Presidente em exercício, João Goulart.

Cumpre ressaltar que o citado Decreto-lei 3, em seus "consideranda" mostra que o mesmo visava a disciplinar as relações jurídicas do pessoal que integrava o sistema de atividades portuárias.

Atente-se para os "consideranda" do referido Decreto-lei:

"Considerando que os serviços portuários e conexos e a atividade dos órgãos sindicais a eles vinculados envolvem aspectos que dizem respeito à segurança nacional;

"Considerando que é de grande importância a inadiável recuperação econômica dos serviços portuários, com o cumprimento fiel da legislação ora em vigor;

"Considerando que as diversas medidas para corrigir as distorções havidas nesse setor de trabalho não têm proporcionado resultados eficazes que a conjuntura atual exige;

"Considerando que é imperioso disciplinar as relações jurídicas do pessoal que integra o sistema de atividades portuárias;

"Considerando, finalmente, o que dispõe o art. 10 do Decreto-lei n. 2, de 14.1.66, resolve: (...)" — e seguem-se quinze artigos.

Todo o texto legal trata dos serviços portuários, exceção feita ao art. 12, que inseriu o parágrafo único ao art. 482 da CLT.

Incompreensível a alteração da CLT, no artigo que cuida das justas causas, num texto legislativo que tinha por finalidade a aplicação nos serviços portuários.

Wagner Giglio afirma que: "Ao estabelecer sanções para o descumprimento de seus preceitos, entretanto, o Decreto-lei n. 3 se excedeu, pois, ao impor alterações no texto da CLT, abrangeu campo muito mais vasto do que o estrito setor visado, das atividades portuárias. Só o momento histórico vivido explica esse excesso de reação".[1]

16.2 Caracterização

A figura inserida no art. 482 é de difícil caracterização. A verdade é que a mesma foi introduzida na lei devido a um período excepcional da história recente do Brasil. Havia uma preocupação com a segurança nacional quando esta poderia ser ameaçada por atos de terrorismo e subversão. Nasceu a norma em estudo para atuar numa época e condições as quais não mais existem.

O período de efervescência política vivido nos primeiros momentos após 1964 fez com que muitos trabalhadores sofressem punições devidas a colorações políticas e a reivindicações feitas de forma agressiva.

Estas punições tinham, muitas vezes, fundamento na prática de atos atentatórios à segurança nacional, sendo que não eram reexaminadas pelo Poder Judiciário, pois havia a proibição desse reexame quando as punições se baseavam em atos institucionais.

No âmbito da Justiça do Trabalho, o egrégio TST emitiu o Prejulgado 23, que dizia: "Falece competência à Justiça do Trabalho para determinar a reintegração ou a indenização de empregado demitido com base nos atos institucionais".

Cumpre ressaltar que a prática dos atos aqui referidos não precisa se dar, necessariamente, no ambiente de trabalho.

Pode o ato ser praticado fora do ambiente de trabalho. Se o empregado, durante suas férias, praticar aqueles atos, como, por exemplo,

1. *Justa Causa*, p. 304.

tentar assassinar o Presidente da República, já caracterizou a previsão da lei trabalhista.

A prática de ato atentatório no ambiente de trabalho poderá configurar outra justa causa, como, por exemplo, a improbidade ou o mau procedimento.

16.3 Procedimentos a serem adotados na apuração da justa causa

O Decreto-lei 3, além de acrescentar o parágrafo único ao art. 482 da CLT, acrescentou, também, três parágrafos ao seu art. 472. Estes parágrafos prevêem o procedimento a ser adotado nos casos de atos atentatórios à segurança nacional praticados pelo empregado.

Diz a lei:

"§ 3º. Ocorrendo motivo relevante de interesse para a segurança nacional, poderá a autoridade competente solicitar o afastamento do empregado do serviço ou do local de trabalho, sem que se configure a suspensão do contrato de trabalho.

"§ 4º. O afastamento a que se refere o parágrafo anterior será solicitado pela autoridade competente diretamente ao empregador, em representação fundamentada com audiência da Procuradoria Regional do Trabalho, que providenciará desde logo a instauração do competente inquérito administrativo.

"§ 5º. Durante os primeiros noventa dias desse afastamento, o empregado continuará percebendo sua remuneração."

Vê-se, pois, que, se o empregado pratica ato atentatório à segurança nacional, a autoridade competente poderá solicitar ao empregador que o afaste do serviço. Todavia, deverá continuar a lhe pagar os salários durante os primeiros noventa dias, e, ato contínuo, deverá comunicar os fatos à Procuradoria Regional do Trabalho, a qual providenciará a instauração de inquérito administrativo.

A bem da verdade, esta justa causa está em desuso, uma vez que a mesma foi inserida na lei para ser aplicada num período da história recente do Brasil. Este período já acabou, e a norma continua existindo na CLT, mas sem qualquer aplicação real.

17

JUSTAS CAUSAS DO EMPREGADOR

17.1 Introdução. 17.2 Imediatidade. 17.3 Ônus da prova. 17.4 Aviso prévio. 17.5 Procedimento. 17.6 Previsões legais. 17.7 Exigência de serviços superiores às forças do empregado. 17.8 Serviços defesos por lei. 17.9 Serviços contrários aos bons costumes. 17.10 Serviços alheios ao contrato. 17.11 Rigor excessivo. 17.12 Perigo manifesto de mal considerável. 17.13 Não cumprimento das obrigações do contrato: 17.13.1 Rescisão indireta, FGTS e imediatidade — 17.13.2 O não oferecimento de trabalho ao empregado. 17.14 Ato lesivo da honra e boa fama. 17.15 Ofensas físicas praticadas pelo empregador. 17.16 Redução da oferta de trabalho. 17.17 Atendimento a obrigações legais e morte do empregador empresa individual. 17.18 Afastamento do empregado em caso de rescisão indireta.

17.1 Introdução

Até agora estudamos os motivos que permitem a rescisão do contrato de trabalho sem ônus para o empregador, em virtude de atitudes praticadas pelo empregado, as quais tornam difícil — e até mesmo impossível — a continuidade da relação de emprego.

Passaremos a estudar os motivos de rescisão do contrato de trabalho quando o empregador pratique atos que permitam ao empregado rescindir o pacto laboral, recebendo todos os direitos trabalhistas de uma despedida sem justa causa.

A matéria cujo estudo iniciamos é também conhecida como "despedida indireta".

É assim chamada pela doutrina pois o empregador, ao tomar as atitudes elencadas no art. 483 da CLT, está a causar desânimo no empregado, com o intuito de fazer com que este peça demissão e, assim, fique aquele desobrigado de lhe pagar o aviso prévio, os 40% sobre o FGTS e, se for o caso, até as férias proporcionais (no caso de um contrato de trabalho com menos de um ano de vigência).

17.2 Imediatidade

Após ter o empregado percebido a intenção do empregador de forçá-lo a pedir demissão, deve tomar algumas cautelas.

Primeiramente, deve-se ter em mente que também aqui, nas justas causas do empregador, aplica-se o princípio da imediatidade. Imaginemos que o empregador não cumpra com uma obrigação contratual (não deposita o FGTS). Logo no primeiro mês o empregado deve requerer a rescisão do contrato. Se deixar passar alguns meses, o princípio da imediatidade não foi observado, e o empregado não poderá requerer a rescisão indireta.

17.3 Ônus da prova

Aqui, quem deve provar o fato é o empregado, pois trata-se de fato constitutivo de seu direito. Explicando: se o empregado alega que foi agredido pelo empregador ou seus prepostos, deve fazer a prova da ocorrência deste fato.

17.4 Aviso prévio

Este é devido por força do § 4º do art. 487 da CLT, incluído pela Lei 7.108, de 5.7.83, que sepultou a discussão doutrinária e o entendimento do TST através do Enunciado 31, que dizia não ser devido aviso prévio nas rescisões indiretas.

Portanto, é devido o aviso prévio nas despedidas indiretas, a teor do referido § 4º do art. 487 da CLT.

17.5 Procedimento

Ao tomar conhecimento da falta patronal, o empregado deve imediatamente demonstrar sua intenção de rescindir o contrato de trabalho. A prática mostra-nos que somente na Justiça é que o empregado verá satisfeita sua vontade. Mas nada impede que as partes resolvam o problema sem a intermediação judicial. Pode o empregado notificar o empregador através de carta ou telegrama, mas, de qualquer forma, deve de imediato deixar o emprego.

17.6 Previsões legais

As justas causas do empregador estão previstas no art. 483 da CLT. São elas:

"Art. 483. O empregado poderá considerar rescindido o contrato e pleitear a devida indenização quando:

"a) forem exigidos serviços superiores às suas forças, defesos por lei, contrários aos bons costumes, ou alheios ao contrato;

"b) for tratado pelo empregador ou por seus superiores hierárquicos com rigor excessivo;

"c) correr perigo manifesto de mal considerável;

"d) não cumprir o empregador as obrigações do contrato;

"e) praticar o empregador ou seus prepostos, contra ele ou pessoas de sua família, ato lesivo da honra e boa fama;

"f) o empregador ou seus prepostos ofenderem-no fisicamente, salvo em caso de legítima defesa, própria ou de outrem;

"g) o empregador reduzir o seu trabalho, sendo este por peça ou tarefa, de forma a afetar sensivelmente a importância dos salários.

"§ 1º. O empregado poderá suspender a prestação dos serviços ou rescindir o contrato, quando tiver de desempenhar obrigações legais, incompatíveis com a continuação do serviço.

"§ 2º. No caso de morte do empregador constituído em empresa individual, é facultado rescindir o contrato de trabalho.

"§ 3º. Nas hipóteses das letras "d" e "g", poderá o empregado pleitear a rescisão de seu contrato de trabalho e o pagamento das respectivas indenizações, permanecendo ou não no serviço até final decisão do processo."

Passemos ao estudo das previsões legais.

17.7 Exigência de serviços superiores às forças do empregado

O termo "forças", utilizado pela lei, não quer dizer apenas a força física. Sem dúvida, inclui-se no termo a força intelectual.

Portanto, sempre que o empregador solicitar ao empregado a realização de serviço acima de suas forças, sem dúvida, está buscando fazer com que o empregado peça demissão.

Imaginemos um empregado que, tendo capacidade para carregar dez tijolos por vez, o empregador lhe peça que carregue o dobro. É claro que o empregado não conseguirá cumprir tal tarefa, e, por isso, deixará o emprego, pedindo demissão.

É também serviço superior às forças do empregado quando a este é determinado que prolongue sua jornada todos os dias, para o término de tarefas.

A lei diz que a simples exigência das tarefas além do expediente normal já é motivo de rescisão indireta.

Todavia, não descaracteriza a justa causa ora estudada o fato de o empregado vir a exercer o trabalho uma vez e só aí perceber que este está acima de suas forças.

17.8 Serviços defesos por lei

São os serviços proibidos pela lei. Esta não é apenas a trabalhista, mas qualquer lei, principalmente a penal. Os exemplos, aqui, são muitos. Um balconista a quem é determinado que efetue vendas sem a emissão de nota fiscal; a venda de produtos contrabandeados; a determinação para o empregado apostar no "jogo do bicho" etc.

17.9 Serviços contrários aos bons costumes

Os bons costumes estão intimamente atrelados aos padrões éticos e morais da sociedade. Na análise desta justa causa há que se ter em mente o que é permitido ou não pela sociedade naquele momento.

Imaginemos o exemplo de uma garçonete de uma "boîte" à qual é determinado que, além de servir aos clientes, seja receptiva às "cantadas" dos mesmos...

17.10 Serviços alheios ao contrato

Encerrando a análise da alínea "a" do art. 483, temos uma justa causa de grande ocorrência prática.

O empregador, quando contrata um empregado, o está contratando para o exercício de funções determinadas. Há, pois, uma limitação natural às atividades a serem exercidas. Trata-se, portanto, de indiscutível garantia ao empregado.

O que se visa, aqui, é a não-imposição ao empregado da realização de serviços humilhantes.

Imagine-se o caso de um auxiliar de contabilidade a quem é determinado que limpe os banheiros da empresa. É claro que este empregado terá, dentro de si, a vontade de pedir demissão, pois será alvo de chacotas dos colegas, além de se sentir diminuído.

De qualquer forma, cumpre-nos ressaltar que não caracteriza a falta ora estudada o pedido para que o empregado colabore com o empregador na ocorrência de um caso fortuito ou de força maior, como, por exemplo, ocorrendo enchente, o empregador pedir a todos os empregados que ajudem na remoção dos móveis, para evitar maiores perdas.

17.11 Rigor excessivo

Diz a letra "b" do art. 483 da CLT: "for tratado pelo empregador ou por seus superiores hierárquicos com rigor excessivo".

Aqui, o rigor excessivo deve partir do empregador ou de seus prepostos, sendo estes apenas os superiores hierárquicos do empregado, isto é, aqueles a quem este se reporta e em relação aos quais tem dever de obediência. Se superiores hierárquicos de outros empregados vierem a agir com rigor excessivo, não estará tipificada a justa causa aqui estudada.

O rigor, como diz a lei, deve ser excessivo, entendido como o desmedido, o exagerado. Logo, se houver apenas rigor por parte do empregador ou dos superiores hierárquicos, não existirá a falta.

No desenvolvimento do contrato de trabalho deve haver respeito mútuo — aliás, como deveria haver em todas as relações humanas.

Portanto, quando o empregado é tratado com rigor excessivo tem desrespeitados seus direitos como ser humano, sendo autorizado pela lei a se afastar do emprego com justa causa do empregador.

Na prática, esta justa causa ocorre quando o empregador dirige-se ao empregado com xingamentos, ofensas ou aos gritos.

Caracteriza-se, também, pela imposição de penalidades desmedidas, como, por exemplo, quando, por um atraso de cinco minutos, o empregador aplica ao empregado suspensão de dez dias.

17.12 Perigo manifesto de mal considerável

Diz Antônio Lamarca, quanto à justa causa ora estudada: "O perigo manifesto é aquele que ameaça a integridade física do trabalhador, não a saúde, salvo por via reflexa ("v. g.", sofre o dano físico e, em conseqüência do mesmo, sua saúde é prejudicada). Trabalhando num ambiente insalubre — desprovido dos meios legais de proteção —, o trabalhador não sofre um perigo manifesto de mal considerável: a ação nociva dos agentes condenados é paulatina, de tal sorte a manifestar-se muito tempo depois; já, o mesmo não pode dizer-se quando ele esteja sob a iminência de um acidente do trabalho: o dano, aí, o mal, como quer que se chame, é para a sua incolumidade ou integridade física; é manifesto, iminente. De conseguinte, as chamadas doenças profissionais — por sinal, inevitáveis — não ensejam a formação desta justa causa; somente os possíveis acidentes do trabalho é que permitirão a argüição, pelo laborista, de estar diante de um perigo manifesto de mal considerável".[1]

É claro que qualquer trabalho oferece riscos. O que a lei veda é o risco de mal considerável, isto é, aquele que acarrete sérios danos à saúde do trabalhador.

É lógico que um jardineiro, trabalhando ao ar livre, está exposto ao vento e ao sol e, conseqüentemente, aos malefícios que estes podem vir a causar à sua saúde. Mas é claro que se trata de inconvenientes da profissão.

Agora, valendo-nos do exemplo do jardineiro, se a este lhe é pedido ou determinado que lide com formicida sem a utilização de luvas, aí, sim, estará ocorrendo a justa causa em estudo.

17.13 Não cumprimento das obrigações do contrato

Quando é celebrado um contrato de trabalho, ficam as partes obrigadas a cumprir suas cláusulas.

Normalmente, o contrato de trabalho é verbal; e, quando escrito, raras vezes traz um número grande de cláusulas.

Logo, a maior parte das cláusulas contratuais se encontra nas leis, nas convenções coletivas, nos regulamentos de empresa e na decisão judicial.

Portanto, o descumprimento das obrigações do contrato, previsto na lei, é o inadimplemento das cláusulas contratuais e das previsões legais.

Cumpre-nos deixar claro que na doutrina existe alguma discussão a respeito do assunto, o que também ocorre na jurisprudência.

Se um empregador quer se ver livre de seu empregado sem, contudo, ter de pagar as indenizações legais, ele passa a atrasar o pagamento dos salários, a não depositar o FGTS, não concede férias ao empregado etc.

1. *Manual das Justas Causas*

Ora, tanto o pagamento em dia dos salários, os depósitos no FGTS e a concessão de férias são previsões legais que não vêm explicitadas num contrato de trabalho.

Logo, se o empregador age daquela forma, o empregado desanima-se e pede demissão, arcando este com o ônus da rescisão (pagando aviso prévio, por exemplo).

Portanto, o que caracteriza esta falta é o descumprimento, pelo empregador, das obrigações contratuais e legais.

Há que se tomar muito cuidado na apreciação da justa causa ora em exame.

Se o aparelho que aquece os alimentos dos empregados quebra, ou o bebedouro também se encontra avariado, é lógico que estes acontecimentos não autorizam a rescisão indireta.

17.13.1 Rescisão indireta, FGTS e imediatidade

Parece-nos claro que o não depósito do FGTS é motivo caracterizador da justa causa em estudo.

Problema ocorre quando o empregado vem a descobrir que o empregador não recolhe o FGTS depois de alguns meses. Ora, neste caso, tão logo tome ciência, deve o empregado propor a reclamação visando ao despedimento indireto. Se assim não o fizer, entendemos que o mesmo aceitou a irregularidade praticada.

De qualquer forma, o TST pronunciou-se sobre um caso em que se pedia a rescisão indireta por falta de depósito do FGTS: "Na constância do contrato de trabalho o empregado não tem direito de ação para cobrar depósitos do FGTS, porque ainda não sofreu qualquer prejuízo. Em sendo assim, não pode o fato ser encarado como causa para rescisão indireta" (TST, RR 4.803/84, Guimarães Falcão, ac. da 3ª T. 2.701/85).

Ousamos divergir do entendimento pretoriano. Se o empregado toma conhecimento de que o empregador não efetua os depósitos do FGTS, ele tem direito à rescisão indireta, pois o empregador descumpre uma obrigação legal. É fácil imaginar como o referido empregado exerceria suas funções, sempre com receio de que um dia seria despedido e não receberia o FGTS, pois este jamais fora depositado.

17.13.2 O não oferecimento de trabalho ao empregado

Se há um meio "eficaz" de se conseguir desanimar um empregado, este é o não oferecimento de trabalho ao mesmo.

Qualquer pessoa com um mínimo de auto-estima não se sujeita a ficar oito horas por dia num local de trabalho onde todos tenham uma atividade, exceto ela. Nestes casos, o empregado sente-se humilhado, não lhe restando outra atitude senão a de rescindir o contrato de trabalho. Esta rescisão deve-se dar por prática de justa causa do empregador; mais precisamente, a de não cumprir as obrigações do contrato, pois dar trabalho é condição implícita do pacto laboral.

É de se prestar atenção a que o não oferecimento de trabalho deve ser com intuito humilhante, pois poderão ocorrer momentos na relação de emprego nos quais não existam tarefas a serem realizadas pelo empregado.

No sentido do que estamos afirmando é o teor do seguinte acórdão: "Não se autoriza a rescisão indireta de contrato de trabalho, vigente há longos anos, se a semi-ociosidade em que se encontra o trabalhador decorre da própria natureza dos serviços e não da má-fé da empregadora, mormente se não resultarem comprovados prejuízos de ordem moral ao empregado" (ac. do TRT-12ª R., publ. 29.9.83, RO 1.279/82).

17.14 Ato lesivo da honra e boa fama

Diz a lei (art. 483, "e"): "praticar o empregador ou seus prepostos, contra ele ou pessoas de sua família, ato lesivo da honra e boa fama".

Recomendamos ao leitor que consulte o capítulo referente aos atos lesivos à honra e boa fama praticados pelo empregado, pois o que ali foi estudado será útil neste ponto.

Trata-se, aqui, dos mesmos fundamentos da justa causa do empregado, aplicados às avessas.

Aqui, o ofendido é o empregado, sendo que esta ofensa pode ocorrer tanto no serviço quanto fora dele. Justifica-se este entendimento, uma vez que a honra e a boa fama podem ser atacadas, com a mesma gravidade, em qualquer local.

Quando a lei diz "ou seus prepostos", estes devem ser considerados quaisquer empregados que ocupem posição hierarquicamente superior à do ofendido.

A lei inclui a família do empregado na proteção legal, pois é fácil de se imaginar uma situação na qual o empregador, querendo se ver livre de um empregado, passa a atacar a honra e a boa fama dos familiares deste, não restando ao mesmo outra alternativa senão a de pedir demissão.

17.15 Ofensas físicas praticadas pelo empregador

Também neste ponto recomendamos a consulta ao capítulo referente às ofensas físicas. Portanto, a agressão ao empregado por parte do empregador ou de seus prepostos autoriza a rescisão indireta do contrato de trabalho.

17.16 Redução da oferta de trabalho

Diz a lei (art. 483, "g", da CLT): "o empregador reduzir o seu trabalho, sendo este por peça ou tarefa, de forma a afetar sensivelmente a importância dos salários".

Nada mais simples, para o empregador que quer se livrar de um empregado sem ter que arcar com os ônus do despedimento, do que diminuir as chances de ganho deste empregado.

Trata-se de uma justa causa com razoável número de casos nos tribunais.

Um exemplo é o do empregador que aumenta o número de vendedores para uma mesma zona, fazendo com que um empregado tenha diminuídas suas comissões em razão desta atitude patronal.

Outro exemplo é do empregador que dificulta as vendas, não oferecendo produtos para o empregado (comissionado) vender.

17.17 Atendimento a obrigações legais e morte do empregador empresa individual

Estas duas hipóteses estão nos §§ 1º e 2º do art. 483 da CLT.

Nestes casos, há a rescisão indireta do contrato de trabalho, mas não existe a obrigação do empregador de pagar indenização. De qualquer modo, o empregado exime-se de cumprir (ou pagar) o aviso prévio.

17.18 Afastamento do empregado em caso de rescisão indireta

O § 3º do art. 483 diz: "Na hipótese das letras "d" e "g", poderá o empregado pleitear a rescisão de seu contrato de trabalho e o pagamento das respectivas indenizações, permanecendo ou não no serviço até final decisão do processo".

Trata-se de faculdade do empregado, nas hipóteses legais, de ajuizar reclamação e continuar trabalhando. Se for a ação julgada improcedente, o empregado não perdeu o emprego.

Nas demais hipóteses legais, o empregado é obrigado a afastar-se do serviço, arcando com o ônus de uma demissão, caso perca a ação.

18

A JUSTA CAUSA NOS TRIBUNAIS

18.1 Ementas de acórdãos do Tribunal Superior do Trabalho-TST. 18.2 Ementas de acórdãos do Superior Tribunal de Justiça-STJ e do antigo Tribunal Federal de Recursos-TFR. 18.3 Ementas de acórdão de diversos Tribunais Regionais do Trabalho-TRTs.

Selecionamos, neste capítulo, algumas ementas de acórdãos dos Tribunais a respeito da *justa causa*, além daquelas que foram inseridas em capítulos precedentes. Assim, transcrevemos ementas do Tribunal Superior do Trabalho (TST), do Superior Tribunal de Justiça (STJ), do antigo Tribunal Federal de Recursos (TFR) e dos vários Tribunais Regionais do Trabalho (TRTs).

No intuito de facilitar a consulta, relacionamos os atuais vinte e quatro Tribunais Regionais do Trabalho, por ordem das Regiões, Estados e respectivas sedes:

— 1ª Região: Estado do Rio de Janeiro (RJ); sede: Rio de Janeiro
— 2ª Região: Estado de São Paulo (SP); sede: São Paulo
— 3ª Região: Estado de Minas Gerais (MG); sede: Belo Horizonte
— 4ª Região: Estado do Rio Grande do Sul (RS); sede: Porto Alegre
— 5ª Região: Estado da Bahia (BA); sede: Salvador
— 6ª Região: Estado de Pernambuco (PE); sede: Recife
— 7ª Região: Estado do Ceará (CE); sede: Fortaleza
— 8ª Região: Estados do Pará e Amapá (PA e AP); sede: Belém
— 9ª Região: Estado do Paraná (PR); sede: Curitiba
— 10ª Região: Distrito Federal (DF); sede: Brasília
— 11ª Região: Estados do Amazonas e Roraima (AM e RR); sede: Manaus
— 12ª Região: Estado de Santa Catarina (SC); sede: Florianópolis
— 13ª Região: Estado da Paraíba (PB); sede: João Pessoa
— 14ª Região: Estados de Rondônia e Acre (RO e AC); Porto Velho

— 15ª Região: Estado de São Paulo (SP) (área não abrangida pela jurisdição estabelecida na 2ª Região); sede: Campinas
— 16ª Região: Estado do Maranhão (MA); sede: São Luís
— 17ª Região: Estado do Espírito Santo (ES); sede: Vitória
— 18ª Região: Estado de Goiás (GO); sede: Goiânia
— 19ª Região: Estado de Alagoas (AL); sede: Maceió
— 20ª Região: Estado de Sergipe (SE); sede: Aracaju
— 21ª Região: Estado do Rio Grande do Norte (RN); sede: Natal
— 22ª Região: Estado do Piauí (PI); sede: Teresina
— 23ª Região: Estado de Mato Grosso (MT); sede: Cuiabá
— 24ª Região: Estado de Mato Grosso do Sul (MS); sede: Campo Grande.

18.1 Ementas de acórdãos do Tribunal Superior do Trabalho-TST

"Dirigente sindical — Despedida por justa causa. A insistência do empregado, dirigente sindical, em permanecer afastado do trabalho, mesmo depois da decretação da ilegalidade do movimento paredista, constitui pressuposto suficiente ao ajuizamento de inquérito visando ao reconhecimento judicial da ocorrência de justa causa a viabilizar a rescisão contratual" (TST, 3ª T., RR 5.216/88.7, rel. Min. Ermes Pedrassani, j. 10.5.89).

"Emissão de cheque desprovido de fundos por empregado — Configuração de falta grave — Decisão regional que exige instauração de inquérito e condenação criminal para justificar a denúncia do contrato — Revista não conhecida pela turma — Invocação de afronta ao art. 896 da CLT. Não qualificando o empregador a natureza do ilícito do trabalho atribuído ao fato imputado ao empregado, inviável é o reconhecimento de violação do art. 482 da CLT pela decisão regional. Indicando, porém, as razões do recurso de revista arresto regional lançado no sentido de que a emissão de cheque sem provisão autoriza por si só, a despedida motivada do empregado, resultava inafastável o conhecimento do apelo, incidindo a decisão embargada da Turma em violência ao art. 896 da CLT, a autorizar o conhecimento e provimento dos embargos" (TST, ERR 3.850/89.0, ac. SDI 2.258/91, rel. Min. Ermes Pedrassani, j. 12.11.91).

"Justa causa — Abandono. Omitindo-se o empregado na obrigação que assumiria e não provando a intenção do não abandono, este restou caracterizado" (TST, 3ª T., RR 40.358/91.5, ac. 3.637/92, rel. Min. José Luiz Vasconcellos.)

"Justa causa — Configuração. As condições necessárias para reconhecer a legitimidade da punição aplicada pelo empregador é proporcionalidade e a adequação entre a punição e a falta cometida pelo empregado" (TST, 3ª T., RR 30.113/91.8, ac. 1.131/93, rel. Min. José Calixto Ramos).

"Justa causa — Configuração. Caracterizado está, nos autos, o cometimento da justa causa apontada para dispensa, pois, tendo o autor ciência das medidas disciplinares aplicáveis aos empregados que viessem a emitir cheques sem provisão de fundos, não obstante voltou a reincidir, o que faz desaparecer a confiança necessária para a manutenção do vínculo empregatício. Assim, a suspensão do pacto laboral não constitui impedimento para rescisão por falta grave, mas há necessidade de se aguardar o término do benefício previdenciário para formalizar aquela rescisão contratual" (TST, 1ª T., RR 3.850/89.0, ac. 668/92, rel. Min. Cnea Moreira).

"Justa causa — Configuração. Indícios de prova não são suficientes para configurar a improbidade ensejadora da despedida por justa causa" (TST, 1ª T., RR 3.763/89.0, ac. 1.125/90, rel. Min. Afonso Celso, j. 7.5.90).

"Justa causa — Configuração. O empregado que, deliberadamente, rasga, perante o superior hierárquico, comunicação de dispensa pratica ato de insubordinação, suficiente a ensejar o seu despedimento por justo motivo" (TST, 2ª T., RR 36.269/91.5, ac. 2.693/93, rel. Min. Ney Doyle).

"Justa causa — Desídia. Para configuração da justa causa fundada em desídia não é necessário que o empregador aplique antes da dispensa a pena de suspensão, até mesmo porque há uma corrente doutrinária que entende ser impossível juridicamente a suspensão do empregado, pois tal implica redução salarial" (TST, 2ª T., RR 25.431/91.2, ac. 816/92, rel. Min. Vantuil Abdala).

"Justa causa — Imediatidade e perdão tácito. Não constitui perdão tácito ou perda da imediatidade o apenamento ao empregado por fato ocorrido em torno de trinta dias, entre a irregularidade e a dispensa do empregado, quando a empresa mantém milhares de empregados e usou de apuração criteriosa e exemplar. Compra de atestado médico, confessada pelo reclamante, é crime e deve ser reprimido rigorosamente" (TST, 1ª T., RR 49.904/92.2, ac. 3.987/92, rel. Min. Ursulino Santos).

Justa causa — Imediatidade e perdão tácito. O fato de a sindicância instaurada pelo empregador ter-se prolongado por mais de quarenta dias não significa o perdão tácito ao empregado. Muito ao contrário. Com o intuito de não cometer uma injustiça e levando-se em conta tratar-se de uma empresa de grande porte, não se poderia esperar que de um dia para outro apure proporções da falta cometida; daí a aplicação de pena após a conclusão do inquérito (cerca de sessenta dias)" (TST, 4ª T., RR 42.571/92.2, ac. 2.345/92, rel. Min. Leonardo Silva).

"Justa causa — Imediatidade e perdão tácito. O tempo utilizado pelo réu, trinta dias, mostra-se absolutamente necessário e razoável, considerando ser uma empresa de grande porte, necessitando, por isso, de um espaço razoável para a apuração do ato cometido. Este prazo, portanto, é necessário, a fim de que não se verificassem erros no decorrer da inspeção, possibilitando ao empregador apurar convenientemente o fato antes de deliberar acerca da punição. Assim, não pode o réu ser prejudicado quando, não desejando tomar medidas precipitadas, apura convenientemente os fatos antes de concluir pela demissão. Revista reconhecida e provida" (TST, 2ª T., RR 44.358/92.1, ac. 4.801/92, rel. Min. Francisco Leocádio).

"Justa causa — Imediatidade e perdão tácito. Prevalência do princípio da atualidade entre a falta e a punição. O transcurso de prazo razoável entre a falta praticada e a pena de suspensão leva à nulidade desta, eis que restou configurado o perdão tácito" (TST, 1ª T., RR 28.158/91.5, ac. 787/92, rel. Min. Marco Giacomini).

18.2 Ementas de acórdãos do Superior Tribunal de Justiça-STJ e do antigo Tribunal Federal de Recursos-TFR

"Funcionário público — Demissão — Período eleitoral. A proibição de demissão de funcionário público em época eleitoral os não alcança casos referentes a faltas graves, devidamente apuradas em processo administrativo, onde foi observado e devido processo legal" (STJ, 2ª T., RMS 870-0-RS, rel. Min. Américo Luz, *DJU* 20.6.94).

"Trabalhista — Justa causa para rescisão do contrato de trabalho — Condenação criminal do empregado impeditiva da continuidade da prestação do trabalho (CLT, art. 482, 'd'). Médico do INAMPS condenado, pela prática do crime previsto no art. 12, § 1º, II, da Lei 6.368/76, à pena de seis anos de reclusão, por sentença de 6.3.79, da qual recorreu e obteve a redução para três anos. O empregador, ao tomar conhecimento da infração cometida pelo seu empregado, deveria ter tomado as medidas cabíveis, em atenção ao princípio da imediatidade. No entanto, o ajuizamento do inquérito trabalhista só se deu cerca de treze meses após o fato, quando o requerido já tinha obtido indulto. Já que não houve imediatidade entre o impedimento da continuidade do trabalho e a instauração do inquérito, inexistiu a justa causa ensejadora da rescisão contratual. Sentença confirmada" (TFR, 1ª T., RO 7.036-MG (4419189), rel. Min. Carlos Thibau, j. 25.2.86).

18.3 Ementas de acórdãos de diversos Tribunais Regionais do Trabalho-TRTs

"Abandono de emprego — Convocação por carta registrada e edital. Tendo sido o reclamante devidamente convocado por carta registrada para retornar ao trabalho, sob pena de ser considerado como abandono de emprego, e pelo cotejo de prova restante evidente que ficou vários meses sem comparecer ao trabalho, tipifica-se o justo motivo para a rescisão, por abandono" (TRT-MG, 2ª T., RO 16.194/92, rel. Juiz José Menotti Gaetani, DJMG 1.10.93).

"Abandono de emprego — Publicação em jornal. A comunicação feita no jornal chamando o empregado ao trabalho não tem qualquer valor, pois o empregado não tem obrigação de lê-lo, nem na maioria das vezes dinheiro para comprá-lo. O ideal é que a comunicação seja feita por meio de carta registrada ou até de notificação judicial. O fato de o empregado não atender à comunicação publicada na imprensa pelo empregador pedindo retorno do trabalhador ao serviço, sob pena de caracterização da justa causa, não revela o seu ânimo de abandonar o emprego. Deve o empregador mandar uma carta com aviso de recebimento, ou telegrama, convocando o obreiro para o retorno ao trabalho. Poderia também ser feita uma notificação judicial ou extrajudicial" (TRT-SP, 3ª T., RO 02980509951, ac. 19990500986, rel. Juiz Sérgio Pinto Martins, j. 5.10.99).

"Abandono de emprego. Sendo incontroversa a ausência de obreira ao serviço por mais de 30 dias, e inexistindo qualquer prova nos autos referente a atestado médico que teria ela mandado entregar à empresa, resta configurada a presunção do 'animus abandonandi', que enseja a rescisão do contrato de trabalho por justa causa" (TRT-DF, 1ª T., RO 8.146/92, ac. 2.753/93, rel. Juiz Franklin de Oliveira, DJU 10.11.93).

"Abandono do emprego. Caracteriza-se abandono do emprego quando o empregado falta ao serviço injustificadamente e não atende ao chamamento feito para retornar ao trabalho no prazo fixado" (TRT-SP, 9ª T., RO 02970438032, ac. 02980503520, rel. Juiz Ildeu Lara de Albuquerque, j. 6.10.98).

"Assédio sexual. Constitui justa causa o assédio sexual entre colegas de trabalho quando a um deles causa constrangimento, é repelido, descambando o outro para a vulgaridade e as ameaças, em típica má conduta" (TRT-BA, 3ª T., RO 009892722-50, ac. 4.613/92, rel. Juiz Ronald Souza, j. 7.7.92).

"Ato de improbidade — Infração de natureza gravíssima. Deve ser comprovada com evidência, não bastando simples indício ou começo de prova. Não serve prova testemunhal informativa, por ouvir dizer, duvidosa. 'In dubio, pro operario', conforme art. 818 da CLT" (TRT-SP, 9ª T., RO 19990537499, ac. 20000615417, rel. Juiz Luiz Edgar Ferraz de Oliveira, j. 5.12.2000).

"Ato de improbidade — Processos trabalhista e criminal concomitantes. Constitui faculdade do juiz suspender o processo trabalhista. Indeferida a suspensão, o empregador deve antecipar sua capacidade probatória perante o juiz do trabalho (CLT, 818; CPC, 110)" (TRT-SP, 9ª T., RO 19990537600, ac. 20000649621, rel. Juiz Luiz Edgar Ferraz de Oliveira, j. 19.12.2000).

"Condenação criminal. 'O arquivamento de inquérito policial não elide a rescisão contratual motivada por improbidade, pois a responsabilidade trabalhista não se confunde com a responsabilidade penal'" (TRT-SP, 1ª T., RO 19990584535, ac. 20000680596, rel. Juiz Plínio Bolívar de Almeida, j. 16.1.2001).

"Contrato de trabalho — Dispensa motivada — Prova — Ônus — Efeitos. A configuração da justa causa ensejadora da dispensa do empregado, motivada pelo abandono do emprego, não prescinde de inequívoca comprovação pelo empregador (CLT, art. 818, e art. 333, II, do CPC). A mera alusão fática veiculada em juízo, isoladamente, não detém o condão de subsumir os efeitos jurídicos oriundos da respectiva inércia probatória, além de não promover a absoluta veracidade de documento unilateralmente produzido" (TRT-DF, 1ª T., RO 3.035/92, rel. Juiz Heráclito Pena Jr., *DJU* dezembro/93).

"Contrato de trabalho do marítimo — Justa causa — Deserção. Entre as justas causas de rescisão do contrato de trabalho do marítimo se inclui a deserção (art. 109, causa 10ª, do Regulamento de Tráfego Marítimo), que nada mais é que a ausência, sem justo motivo, do tripulante na ocasião do embarque" (TRT-PA, RO 1.375/87, ac. 1.800/87, rela. Juíza Semíramis Arnaud Ferreira, j. 27.11.87).

"Desídia. Provada a justa causa, por desídia, quando o empregado confessa ter ausentado-se, injustificadamente, do serviço, com habitualidade" (TRT-SP, 1ª T., RO 19990533507, ac. 20000577124, rel. Plínio Bolívar de Almeida, j. 21.11.2000).

"Despedida impossível. Comunicando o empregado, ao empregador, que se demite do emprego, é impossível que tempo depois ocorra despedida por justa causa, por ser impossível ou vazia" (TRT-BA, 3ª T., RO 006.88/888-50, ac. 3.524/91, Rel Juiz Ronald Souza, j. 3.7.91).

"Dirigente sindical — Estabilidade provisória — Justa causa — Demissão — Inexistência de inquérito judicial — Validade do ato. Apesar de o empregado gozar de estabilidade provisória por força de mandato sindical, é forçoso ao julgador reconhecer como válido o ato de demissão perpetrado pelo empregador fundado em justa causa, mesmo inexistindo inquérito judicial para apuração do fato ensejador da despedida, mormente quando o empregado confessa a prática de atos reprováveis. A legislação trabalhista, protetora do obreiro, não pode, através de formalismos, garantir a estabilidade de empregado que, induvidosamente, praticou falta grave. Reclamação improcedente" (TRT-PB, RO 694/90, ac. 5.880, rel. Juiz Ruy Bezerra Cavalcanti Jr., j. 19.12.90).

"Discussão com superior hierárquico — Da justa causa — Funcionário de hospital — Ofensa a superior hierárquico. O conjunto probatório demonstra que a autora possui o gênio difícil, sem a medida do razoável, o que a torna agressiva. Em se cuidando de enfermeira, o trabalho fica comprometido quando arrosta determinação de superiora hierárquica, protestando em altos brados na presença de pacientes. A obediência à hierarquia é requisito imprescindível, pena de comprometimento dos serviços e do prestígio do hospital" (TRT-SP, 5ª T., RO 02990099527, ac. 20000077172, rel. Juiz Francisco Antônio de Oliveira, j. 10.3.2000).

"Dispensa. 'Bis in idem'. Não pode a empresa estribar a dispensa sobre faltas anteriores pelas quais a obreira já havia sido punida. As advertências e suspensões continuadas poderão levar à desídia. Mas é necessário que após última advertência ou suspensão haja nova falta. A dispensa sem qualquer falta atual, calcada somente nas anteriores já habitualmente punidas, dá ensejo ao 'bis in idem'" (TRT-SP, 5ª T., RO 02990039648, ac. 19990650341, rel. Juiz Francisco Antônio de Oliveira, j. 17.12.99).

"Dispensa injusta — Desídia — Ausência de punições pedagógicas por etapas, no sentido da recuperação do trabalhador ausente. Se as ausências viram rotina, a empresa não pode dispensar, 'ex abrupto', o obreiro e por justa causa" (TRT-MG, 2ª T., RO 6.262/92, rel. Juiz José Waster Chaves, *DJMG* 29.6.93).

"Dispensa por justa causa. A dispensa por justa causa deve ser aplicada com moderação e extrema cautela, sendo sempre robustamente comprovada em juízo. Assim não ocorrendo, correta a sentença ao desconstituí-la e deferir ao empregado os títulos rescisórios" (TRT-SP, 7ª T., RO 02970457967, ac. 02990000199, rel. Juiz José Mechango Antunes, j. 15.1.99).

"Dispensa por justa causa — Absolvição no processo crime — Desconstituição. Por causar ao empregado danos irreparáveis, a dispensa por justa causa deve ser aplicada com extrema cautela, sendo sempre robustamente provados pela empresa, perante o juízo, os motivos que a ensejaram, pena de desconstituição e deferimento das verbas rescisórias de direito. Em se tratando de falta que sofreu o crivo da Justiça Penal, tendo sido o obreiro inocentado, incabível a pretensão da ré de que decida diferentemente a Justiça do trabalho, até porque constituiria lesão à coisa julgada" (TRT-SP, 7ª C., RO 02980030435, ac. 02980638824, rel. Juiz Gualdo Formica, j. 29.1.99).

"Embriaguez — Falta grave — Embriaguez em serviço — Confirmação por duas testemunhas — Basta único evento — Falta grave confirmada" (TRT-SP, 6ª T., RO 19990597505, ac. 20000683994, rel. Juiz Rafael E. Pugliese Ribeiro, j. 19.1.2001).

"Embriaguez. Há justa causa para a dispensa quando o motorista embriagado provoca acidente com o veículo que dirigia, de propriedade da reclamada, restando comprovado através do laudo de toxicologia que o mesmo ingeriu bebida alcoólica durante a jornada de trabalho, culminando na colisão do automóvel" (TRT-SP, 8ª T., RO 02980067711, ac. 02990254883, rel. Juiz Hideki Hirashima, j. 15.6.99).

"Embriaguez — Justa causa. O alcoolismo constitui freqüentemente uma doença e atinge a indivíduos tanto da classe operária quanto da classe patronal. É tempo de o legislador tratar com maior cuidado científico esta matéria, a fim de inclusive evitar excessiva severidade de certos empregadores que, aliás, com seus próprios costumes de consumo alcoólico são quase sempre muito benevolentes" (TRT-PA, RO 412/89, ac. 837/89, rel. Juiz Roberto Araújo de Oliveira Santos, j. 19.6.89).

"Falta grave. A fidúcia é o elo que liga patrão e empregado e, como uma planta frágil, há de ser regada diariamente para que cada vez mais se acentue e se fortaleça. Neste caso, a fidúcia restou em frangalhos quando a empresa constatou que o autor, na qualidade de empregado de confiança, desenvolvia 'software' para uso desta e o passava para outra empresa" (TRT-SP, RO 02980508025, 5ª T., ac. 19990455727, rel. Juiz Francisco Antônio de Oliveira, j. 17.9.99).

"Falta grave — Concorrência desleal. A existência de uma firma concorrente, do empregado, é o quanto basta para a configuração da figura da concorrência desleal, sendo secundário se houve ou não comercialização de produtos idênticos aos da empresa reclamada" (TRT-SP, 1ª T., RO 02940160605, ac. 02950598654, rel. Juiz Floriano Vaz da Silva, j. 19.12.95).

"Falta grave — Consulta médica — Descaracterização. Revela-se abusiva a rescisão do contrato de trabalho por ato unilateral do empregador quando a falta ao serviço é justificada através de atestado que comprova o comparecimento ao ambulatório médico para consulta" (TRT-SP, 8ª T., RO 19990369278, ac. 20000640470, rel. Juiz José Carlos da Silva Arouca, j. 16.1.2001).

"Falta grave — Dispensa — Alegação genérica. Embora não esteja a parte obrigada a tipificar legalmente a falta cometida ('da mihi factum, dabo tibi jus'), não se libera de descrever minuciosamente os atos praticados pelo empregado que teriam dado causa à dispensa. Sem essa descrição, comprometida estará a instrução probatória. A simples alegação de que a dispensa está vazada no art. 482 da CLT, com juntada de documentos, não satisfaz as exigências legais, uma vez que colocaria o julgador num trabalho de garimpagem que não lhe diz respeito. Sem a alegação dos motivos também não haverá possibilidades de instrução processual. A informalidade do processo do trabalho não deve ser levada a tais extremos, uma vez que também ali o julgador estará adstrito às regras do art. 128 do CPC" (TRT-SP, 5ª T., RO 02980590775, ac. 19990613438, rel. Juiz Francisco Antônio de Oliveira, j. 3.12.99).

"Falta grave. É válida a confissão de responsabilidade pelos fatos da falta grave que o empregado assinou sem coação no curso da sindicância administrativa" (TRT-SP, 6ª T., RO 02990131650, ac. 20000037103, rel. Juiz Rafael E. Pugliese Ribeiro, j. 18.2.2000).

"Falta grave — Participação do empregado no saque fraudulento do FGTS, envolvendo o uso de documentos falsificados e favorecimento pessoal — Justa causa reconhecida" (TRT-SP, 6ª T., RO 02990131927, ac. 20000037294, rel. Juiz Rafael E. Pugliese Ribeiro, j. 11.2.2000).

"Férias — Justa causa. Empregado que desatende a convocação do empregador para interromper seu período de férias não comete falta grave" (TRT-PB, RO 580/89, ac. 2.246, rel. Juiz Gilvan Monteiro da Silva, j. 16.8.89).

"Greve — Justa causa. O exercício do direito de greve não se confunde com justa causa para demissão do empregado" (TRT-AM, RO 349/87, ac. 731/87, rel. Juiz Eduardo Barbosa Penna Ribeiro, j. 3.11.87).

"Ilícito penal — Justa causa — Absolvido do ilícito penal e não caracterizada a justa causa nesta Justiça Especializada. Correta a sentença de primeiro grau que deferiu ao reclamante os títulos postulados na inicial" (TRT-PB, RO 161/89, ac. 1.793, rel. Juiz Tarcísio de Miranda Monte, j. 8.6.89).

"Juiz classista — Garantia de emprego. O juiz classista não é investido em cargo ou emprego público, mas em função pública, e representa não uma determinada categoria profissional ou econômica, mas a própria classe trabalhadora ou patronal. Goza das prerrogativas asseguradas ao quadro 'enquanto durar a investidura' (art. 665 da CLT). Como exercente de encargo público, seu direito está aninhado no art. 472 da CLT, sendo vedada sua dispensa da nomeação ao término do mandato de três anos, a contar da posse. A dispensa injustificada fá-lo credor, face à impossibilidade da reintegração ao emprego, à indenização correspondente aos salários respectivos da data da dispensa ao 'dies ad quem' fixado" (TRT-MG, 4ª T., RO 17.305/93, rel. Juiz Carlos A. Reis de Paula, *DJMG* 11.6.94).

"Justa causa. A certidão de ocorrência policial não constitui registro que, por si só, caracterize a falta grave imputada ao empregado" (TRT-RN, RO 466/92, ac. 0130, rela. Juíza Maria do Perpétuo Socorro Wanderley de Castro, j. 13.8.92).

"Justa causa. A justa causa exige prova cabal a cargo da defendente. A dação do aviso prévio presume a dispensa injusta, pois a verba é típica de tal rescisão" (TRT-MG, 4ª T., RO 5.328/90, rel. Juiz Dárcio Guimarães de Andrade, j. 5.11.91).

"Justa causa — Abandono — Abandono de emprego. Não se considera transferência aquela que não acarreta mudança de domicílio. Comete falta de abandono o empregado que não atende à ordem do empregador para trabalhar em outro local, dentro do próprio Município, permanecendo afastado por tempo superior a 30 dias. Não comete falta grave o empregador que determina a transferência do empregado para trabalhar em outro local, uma vez que está dentro de seu poder de comando e direção" (TRT-Campinas, 4ª T., RO 1.589/91, ac. 12.340/91, rel. Juiz Antônio Mazzuca).

"Justa causa — Abandono. Não há que se falar em abandono de emprego quando não existir prova do 'animus' do abandono de emprego, principalmente quando existe alteração unilateral por parte do empregador, modificando a função e o lugar da relação empregatícia" (TRT-RO, RO 1.533/92, ac. 402/93, rel. Juiz Antônio A. Gurgel do Amaral, j. 10.9.93).

"Justa causa — Abandono. O abandono de emprego não implica apenas afastamento do empregado, mas intenção manifesta de desinteresse pelo emprego, cabendo à reclamada o ônus de prova de falta grave" (TRT-PE, 3ª T., RO 5.827/92, rel. Juiz Z. Costa, j. 4.5.92).

"Justa causa — Abandono. O abandono do emprego é falta grave que deve ser bem comprovada em razão das conseqüências que acarreta. A ausência da prova faz com que a rescisão seja considerada como imotivada" (TRT-Campinas, 4ª T., RO 10.250/91.7, ac. 009/92, rel. Juiz Antônio Mazzuca).

"Justa causa — Abandono. O reconhecimento do abandono do emprego exige provas robustas incontestáveis. O simples envio de telegrama com convite para volta ao trabalho e o depoimento vago das testemunhas são provas frágeis, que não autorizam ao julgador concluir que foi do empregado a iniciativa da ruptura contratual" (TRT-PE, 1ª T., RO 7.290/92, rela. Juíza Irene Queiroz, j. 9.11.92).

"Justa causa — Abandono. Provados nos autos o afastamento voluntário do serviço por mais de 30 dias e o 'lapso temporae' longo entre a suspensão e a propositura da ação, tem-se como correta a despedida por justa causa motivada por abandono de emprego" (TRT-AL, RO 442/92, rel. Juiz Rubem Monteiro de Figueiredo Ângelo, j. 5.7.92).

"Justa causa — Abandono. Se o empregado não atende à convocação do empregador feita diretamente à sua residência, demonstra a intenção de não mais retornar ao trabalho. A convocação por edital publicado em jornal não está prevista em lei" (TRT-PA, RO 3.018/92, ac. 280/93, rela. Juíza Marilda Coelho).

"Justa causa — Abandono de emprego — 'Animus abandonandi' configurado. Considerando-se que o elemento essencial para a configuração da justa causa por abandono de emprego é a prova do ânimo do obreiro em abandonar o serviço, é de se acolher a motivação quando a empregada, alegando dispensa imotivada, por pessoa incompetente para tal fim, constitui advogado na mesma data para ajuizar a reclamação trabalhista protocolada dois dias após o marco, e nos autos não opõe impugnação sobre fatos e provas apresentados pelo empregador. Por outro lado, o desconhecimento da data do abandono por parte do preposto não torna o empregador confesso quando a própria autora se contradiz entre o pedido inicial e o depoimento pessoal, sem que as testemunhas possam elucidar a dúvida, por insubsistentes quanto ao objeto a ser provado. A desatenção do chefe de pessoal não se presta a ilações de que estivesse efetivamente despedida, mister se fazia o comunicado expresso, o que não foi feito, e, conseqüentemente, o 'animus abandonandi' da obreira restou evidenciado" (TRT-DF, 1ª T., RO 8.755/92, ac. 1.866/93, rel. Juiz Franklin de Oliveira, *DJU* 1.9.93).

"Justa causa — Abandono de emprego — Publicação de convocação de retorno ao serviço. Para a caracterização do abandono de emprego é mister que haja faltas ao serviço durante certo período (elemento objetivo), além de se verificar a clara intenção do empregado de não mais retornar ao serviço (elemento subjetivo). O fato de o empregado não atender à comunicação veiculada na imprensa pelo empregador solicitando seu retorno ao 'serviço, sob pena de caracterização da justa causa, não revela o ânimo do obreiro de abandonar o emprego, pois não é certo que tenha acesso ao periódico, nem mesmo que tenha condições de comprá-lo" (TRT-SP, 8ª T., RO 02990337177, ac. 20000396723, rela. Juíza Wilma Nogueira de Araújo Vaz da Silva, j. 29.8.2000).

"Justa causa — Acidente de trânsito. Comete justa causa o condutor de ônibus que faz ultrapassagem em local proibido e sinalizado pelas autoridades. A falta é agravada pela proporção dos danos materiais e ocorrência de vítima fatal" (TRT-SP, 9ª T., RO 02930169162, ac. 02950081864, rel. Juiz Aldo Rosseli, j. 14.3.95).

"Justa causa. 'Agressão ou tentativa de agressão a colega de trabalho equivale a falta grave descrita na letra 'b' do art. 482 da CLT'" (TRT-SP, 10ª T., RO 02990234149, ac. 20000385543, rela. Juíza Vera Marta Público Dias, j. 18.8.2000).

"Justa causa — Ato de improbidade. Para que se configure o ato de improbidade basta que o patrimônio do empregador tenha sido colocado em risco, sendo desnecessário que efetivamente tenha aquele sofrido prejuízos" (TRT-PR, 2ª T., RO 953/89, ac. 4.113/87, rel. Juiz Fernando Ribas Amazonas de Almeida, j. 3.9.87).

"Justa causa — Atualidade da falta — Perdão tácito. Embora praticando atos desabonadores de sua conduta, a empregada não pode ser despedida por justa causa se, entre a prática faltosa e a dispensa, deixou o empregador transcorrer muito tempo, na saída agradeceu os serviços da obreira e não lhe advertiu por qualquer procedimento irregular"

(TRT-PA, TP, RO 2.604/91, ac. 1.816/92, rel. Juiz José Jacy Ribeiro Aires, j. 30.4.92).

"Justa causa — Boletim de ocorrência — Instauração de inquérito policial. O boletim de ocorrência é a 'notitia criminis", através da qual se leva ao conhecimento da autoridade policial o acontecimento de um fato tipificado na norma penal incriminadora. Diante do registro da ocorrência, a autoridade policial, antes de instaurar o inquérito, e mesmo para poder fazê-lo, deverá realizar as diligências previstas no art. 6º do CPP, o que nos leva a concluir que a ocorrência, por si só, não faz qualquer prova da materialidade, e muito menos da autoria do fato criminoso. O inquérito policial, por sua vez, é o 'conjunto de diligências realizadas pela Polícia Judiciária para a apuração de uma infração penal e sua autoria' (Tourinho Filho), tratando-se de peça informativa que instruirá, ou não, a propositura da ação penal. O inquérito policial, portanto, também não é prova concludente do crime, de sua autoria e circunstâncias, já que a prova é feita sem a observância do contraditório. No caso destes autos, não há sequer prova de que o inquérito tenha chegado a seu fim, não tendo sido trazido a este juízo quais as provas nele colhidas. O boletim de ocorrência e a certidão de instauração do inquérito não fazem prova conclusiva e robusta para a aplicação da sanção máxima prevista na CLT, mormente em se tratando de improbidade que, reconhecida, trará conseqüências funestas ao trabalhador e à sua família, quiçá para o resto da vida daquele" (TRT-DF, 3ª T., RO 0697/93, ac. 0573/93, rela. Juíza Maria de Assis Calsing, *DJU* 10.9.93).

"Justa causa — Cartas de amor a uma colega de trabalho. O fato de Ter o reclamante escrito cartas de amor a uma colega de trabalho não constitui justa causa, mormente se tais cartas eram respeitosas e anônimas, e se o empregador não fez prova alguma de que tivesse havido perturbação do ambiente de trabalho" (TRT-SP, 1ª T., RO 0289007953-2, ac. 23.246/90, rel. Juiz Floriano Corrêa Vaz da Silva, j. 5.12.90).

"Justa causa — Configuração. A justa causa para o despedimento do empregado não pode residir em prova dúbia, na qual o ato desabonador de sua conduta seja uma das hipóteses possíveis" (TRT-RJ, 3ª T., RO 12.666/90, rel. Juiz Luiz Carlos de Brito, j. 8.8.90).

"Justa causa — Configuração. A proteção da relação de emprego contra a despedida arbitrária ou sem justa causa (art. 7º, I, da CF de 1988) e o aviso prévio proporcional (art. 7º, XXI, da Carta Magna) continuam como normas meramente programáticas, de eficácia contida, dependendo ainda de regulamentação para que se tornem efetivas as garantias por elas instituídas" (TRT-AL, RO 628/92, rel. Juiz José Soares Filho, j. 12.10.92).

"Justa causa — Configuração. A simples alegação de quebra de confiança não configura justa causa. Se o empregador não mais confia no empregado, pode dispensá-lo, mas pagando seus direitos trabalhistas" (TRT-PA, RO 3.173/92, rela. Juíza Marilda Coelho).

"Justa causa — Configuração. A simples queixa na Polícia não faz delinear os elementos constitutivos da improbidade, a qual deve ficar configurada com robustez na fase própria" (TRT-PE, RO 5.086/90, DJPE 15.8.91).

"Justa causa — Configuração — Descumprimento do horário. Pratica falta grave passível de demissão sumária o empregado que, trabalhando em empresa que produz gêneros alimentícios, altamente perecíveis, se recusa a atender à sua necessidade premente de estocagem para o verão" (TRT-SP, 2ª T., RO 868/90.4, ac. 21.808/92, rela. Juíza Maria Aparecida Duenhas).

"Justa causa — Configuração — Discriminação. Na ocorrência de falta coletiva, a ausência de castigo em relação à maioria dos faltosos induz à conclusão de que a transgressão em si foi perdoada" (TRT-SP, 5ª T., RO 24.455/90.7, ac. 15.395/92, rela. Juíza Wilma Nogueira de Araújo Vaz da Silva).

"Justa causa — Configuração — Falta grave. Comete falta grave o empregado que altera nota fiscal de hotel registrando, em uma das vias, valor inferior ao recebido do cliente" (TRT-PA, RO 290/92, ac. 281/93, rela. Juíza Marilda Coelho).

"Justa causa — Configuração. Não constitui justa causa autorizadora da dispensa do empregado não-estável o fato de a Prefeitura haver ultrapassado o limite orçamentário constitucional. Dispensado o empregado sob esse fundamento, obriga-se o órgão público a pagar-lhe os títulos rescisórios" (TRT-PB, REO 235/92, ac. 11.266/92, rel. Juiz Aluísio Rodrigues).

"Justa causa — Configuração. O fato de haver sido retirado o cartão-ponto da chapeira não induz, necessariamente, a dispensa do empregado, pois, como se sabe, é praxe das empresas assim agirem quando pretendem que o empregado respectivo compareça ao serviço do pessoal, após alguma ausência, para saber a razão daquela providência" (TRT-Campinas, 2ª T., RO 2312931-4, ac. 1.080/93, rel. Juiz Irany Ferrari).

"Justa causa — Configuração. O vigilante que dorme em serviço comete falta passível de dispensa por justa causa ao descumprir obrigação contratual específica" (TRT-PA, RO 2.444/92, ac. 184/93, rela. Juíza Marilda Coelho).

"Justa causa — Configuração — Quando não se caracteriza. Faltas injustificadas ao trabalho, dadas pelo empregado quando cumpre aviso prévio recebido do empregador, equivalem a renúncia parcial ao aviso, não autorizando a dispensa com justa causa, mesmo considerado o passado funcional do obreiro repleto de faltas e punições" (TRT-SP, 8ª T., RO 02890121946, ac. 20.921/90, rel. Juiz Alceu de Pinho Tavares, *DJSP* 20.11.90).

"Justa causa — Configuração. Reiteradas faltas e atrasos ao serviço, justificados sob os mais variados argumentos, dão azo à dispensa por justa causa se o trabalhador, embora seguidamente punido, não se regenera" (TRT-SP, 8ª T., RO 25.286/90.0, ac. 18.442/92, rela. Juíza Dora Vaz Trevino).

"Justa causa — Configuração — Requisitos. A justa causa, como máxima penalidade do contrato de trabalho, deve ser de tal ordem que a fidúcia necessária para a manutenção do pacto seja maculada, impedindo a continuidade do vínculo. Diante disso, a doutrina e a jurisprudência preconizam a existência de alguns requisito a serem observados para a licitude do procedimento rescisório por justo motivo, quais sejam: a imediatidade da dispensa, a proporcionalidade da mesma e a sua gradatividade, bem como a ausência de punição pelo mesmo fundamento" (TRT-SP, 8ª T., RO 02980279280, ac. 02990275376, rela. Juíza Wilma Nogueira de Araújo Vaz da Silva, j. 22.6.99).

"Justa causa — Configurada através do elevado número de ausências injustificadas e punições pedagógicas. Não importa o número de anos de casa quando o empregado demonstra ser insensível às punições pedagógicas em face das ausências injustificadas" (TRT-Campinas, 4ª T., RO 8.621/90, ac. 5.093/91, rel. Juiz Antônio Mazzuca, *DJSP* 5.6.91).

"Justa causa — Desídia. A prova de ocorrência de acidentes automobilísticos não induz à caracterização da justa causa do empregado-reclamante, sendo mister a demonstração da culpa deste, no desempenho de sua função de motorista, quando do abalroamento" (TRT-MS, RO 1.621/93, ac. 1.189/93, rel. Juiz André Luiz Moraes de Oliveira).

"Justa causa — Desídia. Age com desídia o empregado que falta muitas vezes ao serviço, sem qualquer justificativa, demonstrando negligência, desleixo no trabalho" (TRT-SP, 3ª T., RO 19990386032, ac. 20000390490, rel. Juiz Sérgio Pinto Martins, j. 15.8.2000).

"Justa causa — Desídia. Caracteriza desídia o empregado faltar 12 dias sem apresentar qualquer justificativa, principalmente pelo fato de já ter faltado outras vezes sem justificativa e se atrasado ao serviço. Mostra o autor negligência na prestação do serviço. O fato já é suficientemente grave para justificar a dispensa, pois o empregado trabalha quando quer" (TRT-SP, 3ª T., RO 19990386423, ac. 20000403720, rel. Juiz Sérgio Pinto Martins, j. 22.8.2000).

"Justa causa — Desídia. É desidioso o empregado que falta injustificadamente, tendo sido advertido e suspenso, principalmente no desenvolvimento da função de vigilante, em que o obreiro é pago para vigiar o patrimônio de outras pessoas, que fica, portanto, desguarnecido" (TRT-SP, 3ª T., RO 02970005195, ac. 02970645151, rel. Juiz Sérgio Pinto Martins, j. 2.12.97).

"Justa causa — Desobediência a ordem superior. A justa causa, penalidade máxima imposta ao trabalhador, que macula sua vida profissional, social e familiar, deve ficar solidamente caracterizada, eis que contempla o empregador, com o benefício da dispensa do obreiro, sem a paga dos consectários decorrentes. 'In dubio, pro operario', à míngua de prova cabal e quando os termos defensivos discrepam do depoimento pessoal da reclamada, em evidente obsessão pela justa dispensa. Recurso obreiro a que se provê" (TRT-SP, 8ª T., RO 19990370659, ac. 20000397061, rel. Juiz José Mechango Antunes, j. 29.8.2000).

"Justa causa — Embriaguez. Certidão fornecida pela delegacia de polícia constatando a embriaguez, não impugnada (art. 372 do CPC), corroborado o fato através de prova testemunhal, faz prova plena do alegado" (TRT-SP, 4ª T., RO 2.105/90.1, ac. 16.998/91, rel. Juiz Francisco Antônio de Oliveira).

"Justa causa — Embriaguez. Não houve embriaguez habitual, pois a embriaguez do reclamante teria ocorrido uma única vez. Inexistiu embriaguez em serviço, em razão de que o reclamante estava no seu horário de almoço quando ingeriu bebida alcoólica" (TRT-SP, 3ª T., RO 19990537057, ac. 20000630270, rel. Juiz Sérgio Pinto Martins, j. 12.12.2000).

"Justa causa — Embriaguez contumaz — Necessidade de tratamento — Afastamento da motivação para o despedimento. Muito embora entenda que a reintegração não seja possível, vez que não há comprovação razoável da doença no momento do despedimento, afasta-se o reconhecimento da justa motivação, uma vez que, como fartamente admitido pela doutrina e pela jurisprudência, o dependente químico é considerado mais como um desafortunado, que beira ao doente grave, do que um mau profissional, devendo, por isso, ser tratado, e não dispensado, encaminhando-se ao serviço de saúde. O elevado absenteísmo decorre de transtornos mentais decorrentes de uso de substâncias psicoativas, sendo, portanto, diferente do comportamento desidioso consciente" (TRT-SP, 7ª T., RO 02990106027, ac. 20000574257, rela. Juíza Rosa Maria Zuccaro, j. 10.11.2000).

"Justa causa — Empregada gestante. Se a empregada faltou reiteradas vezes ao serviço, conforme atestam os registros de freqüência trazidos pela empresa, resta configurada a justa causa para a sua dispensa, o que elide a estabilidade a que faria jus como gestante. Recurso conhecido e não provido" (TRT-DF, 2ª T., RO 3.176/90, rel. Juiz Gláucio de Castro Melo, *DJU* 26.3.92).

"Justa causa — Estabilidade convencional. 'Tendo o autor praticado ato de improbidade — falta delituosa — condenado em sentença criminal transitada em julgado, caracterizou a hipótese da letra 'd' do art. 482 da CLT, com efeitos graves no contrato de trabalho. A condenação vincula o Juízo Trabalhista e o reconhecimento da justa causa'" (TRT-SP, 10ª T., RO 02990043297, ac. 20000343077, rela. Juíza Rita Maria Silvestre, j. 28.7.2000).

"Justa causa — Faltas injustificadas. A perda dos dias de férias, em decorrência das faltas injustificadas, não tem conotação de punição. O empregado perde o salário do dia em que faltou, o repouso remunerado, a proporção das férias, mas o fato também pode ser relevante sob o aspecto da disciplina do trabalho. Falta grave confirmada" (TRT-SP, 6ª T., RO 19990597513, ac. 20000684001, rel. Juiz Rafael E. Pugliese Ribeiro, j. 19.1.2001).

"Justa causa — Gradação da pena — Desídia. A desídia, tida como ato faltoso pela letra 'e' do art. 482 da CLT, exige prova a cargo da reclamada, a teor do art. 333, I, do CPC. Ademais, a gradação da pena, com apenação das medidas pedagógicas, é imprescindível, pena de ocorrer o rigor excessivo imposto pela empregadora" (TRT-MG, 4ª T., RO 7.019/90, rel. Juiz Dárcio Guimarães de Andrade, j. 2.7.91).

"Justa causa — Imediatidade. Empresa de grande porte dispõe de tempo razoável para que sua organização burocrática investigue as circunstâncias fáticas que justifiquem ou não sanções disciplinares, inclusive o possível despedimento. Justa causa. Desídia. Configura-se de duas formas: repetidos atos que constituem individualmente faltas venais ou, diferentemente, um só ato de tal gravidade que justifique o despedimento" (TRT-SP, 8ª T., RO 14.355/85, rel. Juiz Valentin Carrion, j. 10.11.86).

"Justa causa — Imediatidade. Não se pode deixar de aplicar a justa causa por não estar presente apenas o requisito da imediatidade" (TRT-SE, RO 241/93, ac. 061/93, rel. Juiz Eduardo Prado de Oliveira, j. 25.3.93).

"Justa causa — Improbidade. A improbidade, dentre as faltas que justificam a dissolução contratual por justo motivo, é a que mais repercute na vida do empregado, inclusive maculando seu nome e criando dificuldades à aquisição de novo emprego. Por essa razão, se exige prova ampla e incontestável do delito cometido pelo empregado" (TRT-SP, 7ª T., RO 25.643/90.1, ac. 17.925/92, rela. Juíza Lucy Mary Marx Gonçalves da Cunha).

"Justa causa — Improbidade. 'A improbidade é a desonestidade ou deslealdade que rompe a confiança entre as partes do contrato de trabalho, no grau mínimo de que este precisa para subsistir, em cada caso' (Hugo Gueiros Bernardes, in *Direito do Trabalho*, LTr, v. I, p. 410). O bancário que, no exercício do cargo de gerente, favoreceu clientes com deferimento de empréstimos sem observância da praxe bancária e normas de regulamento empresarial, auferindo vantagens dos beneficiários de operações creditícias, pratica ato que caracteriza a conduta tipificada no art. 482, 'a', da CLT. Recurso a que se nega provimento" (TRT-DF, 1ª T., RO 3.833/90, rel. Juiz Franklin de Oliveira, j. 10.3.92).

"Justa causa — Improbidade. Considera-se justa causa de improbidade quando a empregada altera o atestado médico de um para quatro dias visando a comprovar falta ao serviço" (TRT-SP, 3ª T., RO 02990305135, ac. 20000262530, rel. Juiz Sérgio Pinto Martins, j. 13.6.2000).

"Justa causa — Improbidade. Falta grave por demais drástica deve ser cabalmente comprovada. E a tanto não se alça o depoimento solitário de testemunha que sabe dos fatos 'ex auditu alieno'" (TRT-SP, 4ª T., RO 02890232969, rel. Juiz Francisco Antônio de Oliveira, *DJSP* 11.7.91).

"Justa causa — Improbidade. O ato de improbidade exige prova segura do comportamento faltoso do empregado" (TRT-PA, RO 1.167/91, ac. 3.414/91, rela. Juíza Marilda Coelho).

"Justa causa — Improbidade. Se a prova testemunhal aliada à material, apurada em sindicância interna, leva ao convencimento da prática de ato de improbidade, correta a despedida do obreiro, sem ônus do empregador" (TRT-SP, 8ª T., RO 24.374/90.0, ac. 18.435/92, rela. Juíza Dora Vaz Trevino).

"Justa causa — Indisciplina ou insubordinação. A defesa que invoca insubordinação deve no mínimo indicar o tipo de ordem descumprida e quem a deve, além das circunstâncias de tempo e lugar" (TRT-SP, 1ª T., RO 5.089/90.2, ac. 17.320/91, rel. Juiz José Serson).

"Justa causa — Justificação e tempestividade. A justa causa, sendo a pena máxima aplicada ao empregado, deve estar amparada por prova robusta da prática de ato faltoso grave, que possa justificá-la, e, se a prática do ato ocorrer dento do prazo do aviso prévio, sua aplicação terá que ser feita dentro desse prazo, sob pena de se tornar intempestiva" (TRT-SP, 9ª T., RO 02960060894, ac. 02970314724, rel. Juiz Ildeu Lara de Albuquerque, j. 22.7.97).

"Justa causa — Luta corporal. Não se configura a justa causa ao obreiro imputada em razão de agressão física quando ele, comprovadamente, foi agredido por colega, figurando nos fatos como vítima, e não agressor, sendo que eventual reação que tivesse esboçado, se existiu, estaria plenamente justificada sob o fundamento da legítima defesa" (TRT-SP, 2ª T., RO 02890129475, rela. Juíza Anélia Li Chum, *DJSP* 9.11.90).

"Justa causa — Mau procedimento. A prática de atos de insubordinação, após a negativa da ré em celebrar acordo objetivando fraudar o Fundo de Garantia, revela mau procedimento, pela quebra do princípio de que os contratos devem ser executados de boa-fé" (TRT-SP, 9ª T., RO 02970442692, ac. 02980548647, rel. Juiz Valentin Carrion, j. 10.11.98).

"Justa causa — Não configuração. Não configura desídia, art. 482, 'c', da CLT, a recusa do empregado em realizar, sozinho, tarefa que, costumeiramente, realizava com a colaboração de um auxiliar, ausente no dia. Recurso provido para caracterizar como injusta a despedida e acrescer na parte condenatória da sentença aviso prévio de 30 dias, 10% dos depósitos e acréscimos de FGTS e respectiva guia de movimentação AM pelo Código 01; e juros de 6% ao ano sobre o valor corrigido, desde a data da despedida" (TRT-DF, RO 90.01.0106/2.8, rel. Juiz J. Aram Megueriam, *DJU* 21.10.91).

"Justa causa — Natureza objetiva, por envolver fato e norma. A punição deve ser avaliada de acordo com esse binômio. Não deve o juiz sugerir punição diferente da que foi aplicada pelo empregador. O ato deste é legal ou ilegal, segundo a tipificação do art. 482 da CLT" (TRT-SP, 9ª T., RO 02990176106, ac. 20000187016, rel. Juiz Luiz Edgar Ferraz de Oliveira, j. 16.5.2000).

"Justa causa — Ofensa física — Comprovação. Confessando o reclamante ter agredido fisicamente um colega, durante a jornada e no local de trabalho, resta caracterizada a falta grave elencada no art. 482, 'j', da CLT" (TRT-SP, 6ª T., RO 02940152599, ac. 02950467860, rel. Juiz Amador Paes de Almeida, j. 27.10.95).

"Justa causa. Participação em movimento paredista, com as práticas de atos de vandalismo contra o patrimônio da reclamada, enseja o rompimento do contrato laboral por justa causa, sendo indevidos inclusive os dias em que o reclamante permaneceu parado" (TRT-AM, RO 377/88, ac. 75/88, rel. Juiz Othílio Francisco Tino, j. 14.2.89).

"Justa causa — Pena máxima aplicada ao trabalhador, em benefício da empresa, pela possibilidade de despedi-lo sem a paga dos consectários decorrentes da dispensa imotivada. A justa causa não pode ter feição retaliatória ou caprichosa, mas deve estar respaldada em fatos robustos, em especial quando nos fatos há o envolvimento de valores monetários, sob pena de enriquecimento ilícito do empregador. Recurso a que se nega provimento" (TRT-SP, 8ª T., RO 02990004682, ac. 20000498968, rel. Juiz José Machengo Antunes, j. 28.11.2000).

"Justa causa — Prova. O mero registro de ocorrência policial de fato tipificado como crime (furto) e supostamente praticado pelo empregado contra o patrimônio empresarial não é bastante para comprovar a prática de falta grave ensejadora da resolução do contrato, nos moldes do art. 482 consolidado" (TRT-DF, 2ª T., RO 0273/90, rel. Juiz José Luciano C. Pereira, *DJU* 27.6.91).

"Justa causa — Prova ambígua. Quando a prova da alegação de justa causa para a rescisão contratual é ambígua, soluciona-se o feito em favor do assalariado" (TRT-SP, 1ª T., RO 02890226543, rela. Juíza Dora Vaz Trevino, j. 22.5.91).

"Justa causa — Recusa do empregado em prestar serviços. Não constitui insubordinação e/ou desídia o ato do empregado que recusa operar máquina quando não lhe é fornecido o indispensável equipamento de proteção individual. A dispensa sumária desse empregado configura abuso de poder" (TRT-SP, 1ª T., RO 0290012/65.0, rel. Juiz Floriano Corrêa Vaz da Silva, j. 11.3.92).

"Justa causa. Sendo a tese de defesa no sentido de que teria a autora adulterado o atestado médico apresentado como justificativa da ausência, e afirmando a recepcionista da clínica ter sido a pessoa que preencheu o documento, tal como declarado pela mesma autora, em depoimento pessoal, tem-se que incomprovada restou a adulteração a esta impingida, não podendo vingar a justa causa que lhe foi atribuída. Apelo obreiro provido para o deferimento das verbas rescisórias" (TRT-SP, 7ª T., RO 02980299655, ac. 19990418260, rela. Juíza Anélia Li Chum, j. 3.9.99, p. 162).

"Justa causa. Tendo o reclamante prestado falsa declaração à reclamada, faltou com o dever de lealdade, ferindo sobremaneira a confiança, elemento essencial à manutenção do vínculo laboral. Justa causa que se mantém, eis que cabalmente comprovada" (TRT-RS, 3ª T., RO 6.848/88, rel. Juiz José Joaquim G. Cordenonsi, j. 24.4.90).

"Justa causa — Uso de drogas — Efeitos. Estando comprovado nos autos que o reclamante fez uso de drogas — maconha — durante a prestação de serviços ou mesmo fora do trabalho, justa é a demissão. O fato de outros empregados suspeitos terem sido demitidos por justa causa e depois transformada em dispensa injusta não é suficiente para descaracterizar a gravíssima falta praticada pelo reclamante, já que para os demais houve apenas suspeita e o reclamante teve comprovada a falta cometida" (TRT-MG, 2ª T., RO 5.216/91, rel. Juiz José Menotti Galtani, *DJMG* 10.7.92).

"Justa causa baseada em incontinência de conduta e mau procedimento — Descabimento — Verbas rescisórias devidas pela injustiça da dispensa. É defeso ao empregador dispensar o empregado com base no art. 482, 'b', da CLT (incontinência da conduta e mau procedimento), quando a hipótese de justa causa pela prática de crime é tratada em dispositivo diverso e específico (art. 482, 'd'), o qual exige, para tanto, que haja condenação passada em julgado, inocorrente na espécie em exame, em que houve, inclusive, a extinção da punibilidade por decisão do colendo TJDF. Configurada a injustiça da despedida, devidas são as parcelas salariais dela decorrentes" (TRT-DF, RO 89.01.16671-2, rel. Juiz Aldir Passarinho, *DJU* 13.8.90).

"Justa causa durante suspensão do contrato de trabalho. Atos faltosos praticados durante a suspensão do contrato de trabalho, por motivo de licença médica, não estão sujeitos a essa condição suspensiva, autorizando a rescisão do contrato de trabalho. Cheques com insuficiência de fundos emitidos, reiteradamente, por servidor da Caixa Econômica Federal concretizam a justa causa (CLT, art. 482, 'a'). Recurso provido" (TRT-SP, 1ª T., RO 90.02.00728-0, *DJSP* 20.11.90).

"Motorista fluvial — Justa causa. Comete falta o motorista fluvial que, por negligência, dá causa a avaria no motor da embarcação, quando em viagem" (TRT-PA, 2ª T., RO 3.160/92, rela. Juíza Marilda Coelho, j. 6.10.92).

"Representante sindical — Despedida sem justa causa — Reintegração por meio de ação cautelar — Presentes os pressupostos da cautelar — Indício do bom direito e iminência de dano irreparável. Imerece reforma a sentença que a concedeu" (TRT-PI, RO 163/93, ac. 287/93, rel. Juiz Francisco Meton Marques de Lima, j. 18.5.93).

"Rescisão do contrato de trabalho — Justa causa. O dever básico do empregado é o de prestar serviços ao empregador. A repetição injustificada de faltas ao trabalho, apesar das punições que gradativamente vão sendo impostas, caracteriza a desídia e dá ensejo à ruptura do pacto laboral" (TRT-SC, 1ª T., RO 0259/91, rel. Juiz Armando L. Gonzaga, j. 10.12.91).

"Rescisão indireta do contrato de trabalho e abandono de emprego – Incompatibilidade. A rescisão indireta do contrato de trabalho constitui exercício de faculdade assegurada ao trabalhador, que independe da vontade de seu empregador (CLT, art. 483). Daí sua manifesta incompatibilidade com o abandono de emprego" (TRT-SP, 8ª T., RO 19990576750, ac. 20000544307, rel. José Carlos da Silva Arouca, j. 28.11.2000).

"Trabalhista — Relação de emprego — Contratos sucessivos de prestação de serviço — Abandono de emprego — Ausência ao serviço, sem justa causa, por mais de 30 dias — Configuração. Sucessivos contratos de prestação de serviço para trabalho de natureza permanente, sob regime de subordinação hierárquica, remuneração mensal e observância das normas internas do órgão que o recebe, caracterizam relação de emprego. A ausência ao serviço, sem justa causa, por mais de 30 dias configura abandono de emprego. Recurso ordinário e 'ex officio' providos em parte. Sentença reformada parcialmente" (TRT-MT, RO 89.01.21657-4, rel. Juiz Catão Alves, *DJU* 9.3.92).

"Trabalho doméstico — Pagamento — Justa causa. Não se pode desconhecer — porque é o costume — que, convivendo com os patrões, a empregada se torna da intimidade do lar, o que sempre conduz à informalidade, o que acentua o caráter eminentemente fático do contrato e torna válido pagamento em cheque, cujo recebimento foi confessado, mesmo inexistindo recibo. O empregado tem o dever elementar de ser diligente; o empregador, o direito de receber prestação laboral produtiva. Negando-se a doméstica à ordem razoável de faxina, o fato constitui justa causa para rescisão do contrato" (TRT-DF, 1ª T., RO 3.006/91, rel. Juiz Heráclito Pena Jr., *DJU* 4.11.92).

"Transferência — Justa causa. A recusa pelo empregado de ordem de transferência para local distante do seu domicílio não pode ser tida como justa causa se a empregadora não demonstrou a real necessidade de serviço e, principalmente, porque a prova dos autos demonstra que a pretendida transferência não logra esconder visível manobra de estratagema utilizado pela empregadora para se liberar dos títulos rescisórios" (TRT-PR, 3ª T., RO 5.396/90, rel. Juiz Euclides Alcides Rocha, j. 17.9.91).

19
APÊNDICE — MODELOS

19.1 Carta de advertência. 19.2 Aviso de suspensão. 19.3. Carta de despedida com justa causa (I). 19.4 Carta de despedida com justa causa (II). 19.5. Telegrama convocando o empregado a retornar ao serviço.

19.1 Carta de advertência

São Paulo, 20 de janeiro de 1995
Ilmo. Sr.
José da Silva
Em mãos
Ref.: Suas faltas ao serviço dias 12 e 16 do corrente
Prezado Senhor,

    Tendo em vista as faltas injustificadas supra, a presente tem a finalidade de advertir V. Sa. para que não reitere suas ausências ao trabalho, pois, do contrário, seremos obrigados a tomar medidas mais drásticas, inclusive o despedimento com justa causa, consoante previsão do art. 482, "e", da CLT.

                                  Atenciosamente,
                                  Parafusos X Ltda.

ciente
_____

19.2 Aviso de suspensão

São Paulo, 1º de março de 1995

Ilmo. Sr.

José da Silva

Em mãos

Ref.: Suspensão disciplinar

Prezado Senhor,

Tendo em vista suas faltas injustificadas nos últimos dias, não obstante a advertência que lhe fizemos anteriormente, comunicamos que no dia de hoje V. Sa. encontra-se suspenso de suas atividades profissionais, sendo que este dia mais o repouso semanal serão descontados. Recomendamos a não-reiteração das faltas, pois seremos obrigados a despedir a V. Sa. com justa causa.

          Atenciosamente,

          Parafusos X Ltda.

ciente

19.3 Carta de despedida com justa causa (I)

São Paulo, 1º de junho de 1995

Ilmo. Sr.

José da Silva

Em mãos

Ref.: Despedida com justa causa

Prezado Senhor,

Comunicamos que a partir desta data V. Sa. está sendo despedido com justa causa, por prática de ato previsto no art. 482 da CLT. Solicitamos seu comparecimento no Departamento Pessoal, dia 3.6.95, às 8 h, para o acerto final e a baixa na CTPS.

          Atenciosamente,

          Parafusos X Ltda.

ciente

19.4 Carta de despedida com justa causa (II)

São Paulo, 1º de junho de 1995

Ilmo. Sr.

José da Silva

Em mãos

Ref.: Despedida com justa causa

Prezado Senhor,

Comunicamos a rescisão de seu contrato de trabalho com justa causa, uma vez as ausências injustificadas ao trabalho nos dias 27, 28 e 31 de maio de 1995, sendo que V. Sa. já havia sido advertido e suspenso pela prática desse ato de desídia (art. 482, "e", da CLT).

Solicitamos seu imediato comparecimento ao Departamento Pessoal para o acerto final e baixa na CTPS.

Atenciosamente,

Parafusos X Ltda.

ciente

_____

19.5 Telegrama convocando o empregado a retornar ao serviço

Ilmo. Sr.

Paulo Silva

R. L, n. 5.

CEP 00000-000 — São Paulo — SP.

Solicitamos comparecimento imediato serviço, sob pena entendermos atitude como abandono de emprego.

Parafusos X Ltda.

Endereço:.........

(Obs.: Este telegrama deve ser enviado com cópia e aviso de recebimento pelo destinatário.)

BIBLIOGRAFIA CONSULTADA

ADT (Advocacia Trabalhista). Centro de Orientação e Atualização Profissional — COAD.

ALMEIDA, Renato Rua de. *Anotações de Aulas* do Curso de Pós-Graduação em Direito da Pontifícia Universidade Católica de São Paulo, 1991.

ALMEIDA JR., A., e COSTA JR., J. B. de O. *Lições de Medicina Legal*. 16ª ed., São Paulo, Cia. Editora Nacional, 1979.

AMARÓS, Francisco Pérez, e TORRECILLA, Eduardo Rojo. *Guia Sindical 80*. Editorial Efas, 1980.

AMORIM, Ronald. *Manual de Legislação Social*. 1ª ed., São Paulo, Ed. LTr, 1989.

BONFIM, B. Calheiros, e SANTOS, Silvério dos. *Dicionários de Decisões Trabalhistas*. Rio de Janeiro, Edições Trabalhistas, 1982.

CARDONE, Marly A. "O advogado e a justa causa". *Repertório IOB de Jurisprudência* 16/254, 1990.

CARMELYNCK, G. H., e LYON-CAEN, Gérard. *Droit du Travail*. 5ª ed., Paris, Ed., Dalloz, 1972.

CARRION, Valentin. *Comentários à Consolidação das Leis do Trabalho*. São Paulo, Ed. RT, 1986.

_____. *Nova Jurisprudência em Direito do Trabalho*. São Paulo, Ed. RT, 1987, 1988, 1989 e 1990.

CATHARINO, José Martins. *Contrato de Emprego*. Salvador, Edições Trabalhistas, 1962.

CESARINO JR., Antônio Ferreira. *Direito Social*. São Paulo, Ed. LTr e Ed. da Universidade de São Paulo, 1980.

CRUZ, Pedro. *A Justa Causa de Despedimento na Jurisprudência*. Coimbra, Livraria Almedina, 1990.

DE NOVA, Giorgio. *Codice Civile e Leggi Collegate*. Itália, 1981.

DELMANTO, Celso. *Código Penal Comentado*. 1ª ed., Rio de Janeiro, Ed. Renovar, 1986.

DONATO, Messias Pereira. *Curso de Direito do Trabalho*. 4ª ed., São Paulo, Ed. Saraiva, 1981.

DURAÍN, Oydín Ortega. *Curso de Derecho del Trabajo*. Cidade do Panamá/Panamá, Alfa Omega Impresores, 1998.

GARCIA, Basileu. *Instituições de Direito Penal*. V. I, t. II, São Paulo, Ed. Max Limonad, 1980.

GHEZZI, Giorgio. "La nueva disciplina de los despidos individuales: análisis y perspectivas de evolución". *Debate Laboral. Revista Americana e Italiana de Derecho del Trabajo* 8-9/37. Ano IV, 1991.

GIGLIO, Wagner D. *Justa Causa*. 2ª ed., 2ª tiragem, São Paulo, Ed. LTr, 1986.

GOMES, Orlando, e GOTTSCHALK, Elson. *Curso de Direito do Trabalho*. Rio de Janeiro, Ed. Forense, 1990.

GRANDI, Mario. "El campo de aplicación de la nueva disciplina del despido". *Derecho Laboral. Revista Americana e Italiana de Derecho del Trabajo* 8-9/51. Ano IV, 1991.

HERRERA, Enrique. *Extinción de la Relación de Trabajo*. Buenos Aires, Editorial Astrea, 1987.

JESUS, Damásio E. de. *Direito Penal*. V. 1, 10ª ed., São Paulo, Ed. Saraiva, 1985; v. 2, 2ª ed., "Parte Especial", São Paulo, Ed. Saraiva, 1980.

LACERDA, Dorval de. *A Falta Grave no Direito do Trabalho*. 4ª ed., Rio de Janeiro, Edições Trabalhistas, 1976.

LAMARCA, Antônio. *Contrato Individual de Trabalho*. São Paulo, Ed. RT, 1969.

_____. *Manual das Justas Causas*. ed., São Paulo, Ed. RT, 1983.

MAGANO, Octávio Bueno. *Manual de Direito do Trabalho*. V. II, São Paulo, Ed. Ltr, 1986.

MARANHÃO, Délio. *Direito do Trabalho.* 7ª ed., Rio de Janeiro, Ed. FGV, 1979.

MARANHÃO, Délio, SUSSEKIND, Arnaldo, e VIANNA, Segadas. *Instituições de Direito do Trabalho.* 8ª ed., v. I, Rio de Janeiro, Ed. Freitas Bastos, 1981.

MARTINEZ, Juan M. Ramírez. *Curso de Derecho del Trabajo.* 9ª ed., Valência/Espanha, Tirant Lo Blanch, 2000.

MARTINS, Adalberto. *A Embriaguez no Direito do Trabalho.* São Paulo, Ed. LTr, 1999.

MESQUITA, Luiz José de. *Direito Disciplinar do Trabalho.* 2ª ed., São Paulo, Ed. LTr, 1991.

MIRABETE, Júlio Fabbrini. *Manual de Direito Penal.* 2ª ed., v. 2, São Paulo, Ed. Atlas, 1984.

MORAES FILHO, Evaristo de. *A Justa Causa na Rescisão do Contrato de Trabalho.* 2ª ed., Rio de Janeiro, Ed. Forense, 1968.

MORALES, Hugo Italo. *La Estabilidad en el Empleo.* México, D. F., Editorial Trilla, 1987.

MONTEIRO, Washington de Barros. *Curso de Direito Civil.* 19ª ed., v. 5, São Paulo, Ed. Saraiva, 1984.

MUNDO, Antonio. *Le Demissioni per Giusta Causa dal Rapporto di Lavoro.* Pádua, CEDAM, 1990.

NASCIMENTO, Amauri Mascaro. *Curso de Direito do Trabalho.* 7ª ed., São Paulo, Saraiva, 1989.

_____. *Iniciação ao Direito do Trabalho.* 13ª ed., São Paulo, Ed. LTr, 1987.

Revista de Legislação do Trabalho e Previdência. Ed., LTr.

RIVERO, Jean, e SAVATIER, Jean. *Droit du Travail.* Paris, Presses Universitaires de France, 1956.

RODRIGUEZ, Isaac Sandoval. *Legislación del Trabajo.* 12ª ed., La Paz/Bolívia, Editorial "Los Amigos Del Libro", 1995.

RUSSOMANO, Mozart Víctor. *Comentários à Consolidação das Leis do Trabalho.* 1ª ed., v. I, Rio de Janeiro, Ed., Forense, 1990.

_____. *O Empregado e o Empregador no Direito Brasileiro.* 7ª ed., Rio de Janeiro, Ed., Forense, 1984.

Servicio de Publicaciones del Ministerio de Trabajo y Seguridad Social. *Guia Laboral 1988.* Madri, 1988.

SEVERIANO, Jorge. *Dos Crimes e Infrações no Direito do Trabalho.* Rio de Janeiro, 1945.

SILVA, Antônio Álvares da. *Proteção contra a Dispensa na Nova Constituição.* 2ª ed., São Paulo, Ed. LTr, 1991.

Síntese Trabalhista. Ed. Síntese (Vários volumes).

VERDIER, Jean-Maurice. *Droit du Travail.* 9ª ed., Paris, Ed. Dalloz, 1990.

* * *